Dietmar Heim & Dirk Klawatzki

Solotrekking

W0175713

Band 45

OUTDOOR HANDBUCH

Solotrekking

© Copyright Conrad Stein Verlag, Kronshagen

1. Auflage

Dieses OutdoorHandbuch wurde konzipiert und redaktionell erstellt vom Conrad Stein Verlag, Eichkoppelweg 51, 24119 Kronshagen, ☎ 0431/545-8888, FAX 0431/545-8800, ✍ e-mail: SteinVerlag@t-online.de, 💻 internet: http://home.t-online.de/home/SteinVerlag, für die OutdoorHandbuch Stein KG, Kronshagen.

Auslieferung für den Buchhandel: Ⓓ Rotation, Berlin, und alle Barsortimente, ⒸⒽ AVA-buch 2000, Affoltern, Ⓐ Freytag & Berndt, Wien

Text	Dietmar Heim und Dirk Klawatzki
Skizzen	Dirk Klawatzki
Titelfoto	Dirk Klawatzki
Lektorat	Alexandra Kelpin
Gesamtherstellung	Norddruck Neumann KG, Kiel

Das Titelfoto zeigt einen Wildniswanderer im Sarek-Gebiet.

Von den Autoren ist im Conrad Stein Verlag ebenfalls erschienen: *Sarek - Padjelanta, Stora Sjöfallet*.

Dieses OutdoorHandbuch hat 62 Seiten mit 6 schwarzweißen Skizzen. Es wurde auf chlorfrei gebleichtem Papier gedruckt.

ISBN 3-89392-145-1

001280

Inhalt

Symbole: 🖐 Achtung, Vorsicht
📖 Buchtip

Vorwort

Seit Jahrhunderten treibt es die Menschheit in die Ferne. In früheren Zeiten als Entdecker der Erde und als Missionar, später als Forscher im Namen der Wissenschaft. Die letzten weißen Flecken auf der Weltkarte sind in diesem Jahrhundert entdeckt und durchstreift worden.

Nach dem Zweiten Weltkrieg ist es durch den allgemein erzielten Fortschritt und Wohlstand auch der breiten Bevölkerung möglich geworden, auf Reisen zu gehen, Urlaub zu machen, und in fast jeden auch noch so entfernten Winkel der Erde vorzudringen. Es ist nur noch eine Preisfrage, organisieren kann man alles. Will man es selbst nicht, überläßt man es anderen. Reisegesellschaften für alle erdenklichen Formen des Verreisens gibt es in Hülle und Fülle.

Dadurch, daß es heute so vielen Menschen möglich geworden ist zu verreisen, sind leider viele schöne Gegenden in Europa, speziell in Südeuropa, hoffnungslos überlaufen. Jeder kennt es: In den Sommermonaten, vor allem während der Schulferien, wälzt sich eine Urlauberlawine in den Süden. Im Winter ist in den Alpen der Teufel los. Durch diese Touristenströme sind für viele Leute solche Gebiete uninteressant und unattraktiv geworden. Das ganze Jahr über hat man bereits mit Menschenmassen in der unmittelbaren Umgebung zu tun, im Beruf, im Verkehr, in der Freizeit usw. Gerade deshalb zieht es viele seit nunmehr zwei Jahrzehnten zusehends in Länder, wo es ruhiger zugeht, wo man relaxen, Ruhe und Einsamkeit, vor allem aber die sich überlassene Natur genießen kann, die dort oft noch in einem gesunden Gleichgewicht zu bewundern ist.

Aus genau diesen Motiven heraus unternehmen wir Trekkingreisen in nördliche Gegenden dieses Erdballs. In den letzten zehn Jahren zog es uns vornehmlich nach Schweden, Norwegen und Island. Wir sind in allen Jahreszeiten durch Nationalparkgebiete gewandert und haben die (fast) unberührte Natur in meist mehrwöchigen Trekkingexpeditionen genossen. Hierbei sind uns, zwar selten, aber immer wieder, Menschen begegnet. Viele waren praktischerweise zu zweit unterwegs, einige zu dritt. Größere Gruppen stellen im Norden Europas eher die Ausnahme dar. Doch es gibt noch eine weitere wesentliche Gruppe Reisender. Und zwar diejenigen, die **alleine** unterwegs sind.

In unserer heutigen zivilisierten Gesellschaft Westeuropas nimmt die Zahl der **Singles** bzw. die Zahl der Singlehaushalte stetig zu. Mittlerweile ist schon jeder dritte Haushalt ein Singlehaushalt. Für viele jüngere Singles oder auch Menschen, die schon eine Lebensgemeinschaft hinter sich haben, stellt sich die Frage, mit wem sie ihren Wunschurlaub verbringen sollen. Oft bleibt diese Frage unbeantwortet.

Hinzu kommt die Gruppe von Leuten, die zwar mehr oder minder glücklich liiert sind, aber aus welchen Gründen auch immer ihren Urlaub nicht mit ihrem Partner, ihrem/ihrer Freund/in oder ihrer Familie verbringen wollen oder können.

Bei einem Pauschalurlaub per Katalog hat man die Möglichkeit, sich einer Gruppe Reisender oder einem Club anzuschließen. Bei einer **individuellen Trekkingtour** oder gar bei einer Expedition wird dies schwierig. Es haben sich zwar seit den 80er Jahren einige sehr gute Reiseveranstalter für Expeditionen und Trekkingreisen herauskristallisiert. Jedoch bleibt der Genuß einer organisierten und geführten Tour aus finanziellen Gründen einer relativ kleinen und privilegierten Trekkerschar vorbehalten. Wer hat schon DM 5.000 (oder mehr) für eine perfekte Tour über zwei oder gar drei Wochen übrig. In eigener Regie liegen die Kosten meist bei der Hälfte oder gar darunter. Also wird für die meisten die Entscheidung sowieso relativ leicht fallen.

Hinzu kommt, daß man auf eine selbst organisierte, gelungene Tour mit Stolz zurückblicken kann und im nachhinein froh ist, sich Spielräume zur Improvisation gelassen zu haben. Gefällt es einem irgendwo besonders gut, so verweilt man an diesem schönen Ort. Oder man ändert seinen Plan je nach Wetter, Körperzustand oder äußerlichen Einflüssen. Bei einer pauschal durchorganisierten Tour in einer Gruppe mit Führer geht dies meist nicht, und wenn doch, dann nur mit der Zustimmung aller und einer flexiblen Logistik.

Somit wählen die meisten Trekker (und auch einige Trekkerinnen) die individuelle Lösung und machen sich alleine auf den Weg. Manch einer sucht gerade nach der Möglichkeit, einmal ganz alleine, völlig autark und einsam den Urlaub zu genießen. Der Zivilisation und dem hiesigen Trubel zu entfliehen, sei es auch nur für einige Wochen im Jahr, ist ein ganz besonderes Erlebnis und meist eine völlig neue Erfahrung.

Dabei gibt es jedoch eine ganze Reihe Dinge vor der Tour zu **bedenken** und zu **planen**. Denn jetzt heißt es dann auf einmal "selbst ist der Mann bzw. die Frau". Die Verantwortung lastet ab nun ausschließlich auf einem selbst und die Folgen mit all ihren Konsequenzen gleichfalls, sei es für den Reiseverlauf und das Gelingen der Tour oder für die Gesundheit.

Um sich über die Tragweite dieser zu treffenden Entscheidungen mit all ihren möglichen Auswirkungen bewußt zu werden und um Fehler schon im Vorfeld der Planung zu vermeiden, haben wir dieses Buch geschrieben, das ein Leitfaden für alle Individualtrekker darstellen soll. Vor allem aber für diejenigen, die sich das erste Mal alleine auf Tour begeben wollen.

Dieses Buch soll kein Ausrüstungsratgeber sein, mit langen Aufzählungen und den Vor- und Nachteilen bestimmter Ausrüstungsteile wie Zelte, Schlafsäcke, Kocher, Kleidung usw. oder einer Proviantliste. Hervorragende Ausrüstungshandbücher, in denen die gesamte Ausrüstungspalette aufgezeigt wird, gibt es zweifelsohne schon genug. Dies gilt auch für Wildnis- bzw. Trekkingkochbücher. In dem Kapitel "Ausrüstung und Proviant" widmen wir uns ausschließlich dem Sachverhalt, auf was man bei einer Solotour im Gegensatz zu einer Mehrmann/frau-Tour achten sollte und wo man entscheidendes Gewicht einsparen kann.

In diesem kleinen Handbuch soll aufgezeigt werden, wie man eine Solotour **plant** und **vorbereitet**, wie man sich **absichert**, und wie man sich in **Notfällen** verhält. Ein weiterer sehr wichtiger Punkt stellt die **Psychologie** während einer Solotour dar. Dann wollen wir die Bedeutung von **Begegnungen** aller Art und die Dimension allein zu treffender Entscheidungen aufzeigen.

Zu guter Letzt seien noch die **Vor- und Nachteile einer Solotour** aufgezählt und ein Fazit gezogen. Somit kann dann jeder entscheiden, ob er sich für eine Solotour gerüstet sieht und an die konkrete Planung herangehen möchte, oder ob man für sich persönlich eine andere Alternative wählt.

Dietmar Heim und Dirk Klawatzki

Über die Autoren

Dirk Klawatzki und Dietmar Heim unternehmen seit 11 Jahren Trekkingtouren in den Norden Skandinaviens, nach Island und Kanada. Im Sommer und Herbst als Wanderer und mit dem Kanu, im Winter auf Skiern haben sie dabei in meist mehrwöchigen expeditionsähnlichen Touren die nordische Wildnis kennengelernt.

☺ Aktualisierungen zu diesem OutdoorHandbuch und anderen Büchern finden Sie in der Homepage des Conrad Stein Verlags im Internet:
▭ http://home.t-online.de/home/SteinVerlag

Motive für eine Solotour

Der Mensch ist ein **Herdentier**, sagt man. Und das gilt in vielerlei Hinsicht für die Mehrheit der Menschen. Sei es aus Geselligkeitsdrang, aus Angst alleine zu sein, aus Mitteilungsbedürfnis, oder einfach aus Bequemlichkeit und Faulheit. Nachmachen ist einfach und bringt einen auch oft zum Ziel. Selbst ausdenken und kreativ sein dagegen ist anstrengend.

Deswegen werden sich viele Leute fragen, "warum sollte ich gerade meinen Urlaub - die schönste Zeit meines arbeits- und streßreichen Jahres - alleine verbringen?"

Die Gründe dafür sind vielfältig und liegen in den unterschiedlichen Ausgangssituationen und dem persönlichen Umfeld der Menschen. Im großen und ganzen findet sich jeder Soloreisende in einer von den Gruppierungen wieder, mit denen wir uns nun beschäftigen wollen. Hier eine schubladenähnliche Kategorisierung zu treffen, ist eigentlich falsch, denn die Übergänge sind fließend und manch einer findet in jeder Gruppe ein Stück von sich selbst wieder.

Singles

Dieser anscheinend in der heutigen Gesellschaft ständig wachsende Teil der Bevölkerung macht wohl den Bärenanteil der Singlereisenden aus. Allein in Deutschland gibt es momentan 12 Mio Singles, Tendenz steigend.

Es handelt sich um Menschen, die aus individuell unterschiedlichen Gründen keinen festen Partner haben. Da gibt es einmal die **Geschiedenen**, d. h. Menschen, die schon das Kapitel einer Ehe oder einer Lebensgemeinschaft hinter sich gebracht haben und nun lieber alleine leben möchten oder noch keinen neuen, festen Partner gefunden haben, vielleicht aber auch nicht mehr finden wollen.

Zum zweiten **Verwitwete**, die durch die Tragik eines Unfalls bzw. einer Krankheit des Partners wieder zum Single geworden sind.

Drittens der heute im Zuge der Zeit **sich selbst verwirklichende Single** mit mehr oder minder schnell wechselnden Partnerschaften, der vielleicht einfach noch nicht die oder den Richtige/n gefunden hat.

All diese Singles verbringen ihren Urlaub alleine, falls sie sich nicht einer Gruppe oder einem Club anschließen wollen. Für sie ist es im Grunde nichts Besonderes, da sie den größten Teil ihres Lebens zwar keinen Partner, dafür aber bei ihrer Arbeit und meist auch in der sonstigen Freizeit menschliche Gesellschaft um sich herum haben. Die Zeit ihres Alleinseins zu Hause verbringen sie **bewußt**, und sie genießen es, keinen Menschen zu sehen. Überhaupt verstehen es die meisten allein lebenden aktiven Menschen, ihre Zeit durchzuorganisieren, um ständig in Action zu sein und keine Langeweile aufkommen zu lassen.

Urlaubswitwen/r

Hierunter verstehen wir Menschen, die zwar durchaus (mehr oder minder) glücklich in einer Beziehung leben, deren Meinung in Sachen Urlaub jedoch gehörig auseinandergehen.

Da möchte die bessere Hälfte in ein Land mit Sonne, Strand und Wasser reisen, um zu faulenzen. Einmal im Jahr nichts tun, außer unter einem Sonnenschirm liegen und coole Softdrinks genießen. Man möchte sich einfach nur fallen lassen und in den Tag hineinleben. Den anderen dagegen drängt es, bepackt mit Zelt, Ruck- und Schlafsack sowie mit Proviant, für zwei Wochen hinaus in die Natur, egal ob Wind, Regen, Schnee oder alles auf einmal.

Da aber jeder auf seine eigene Weise seinen Urlaub genießen möchte, trifft man die einvernehmliche und durchaus weise Entscheidung, getrennt zu verreisen. Zum Leidwesen findet sich dann oft im Freundeskreis aber niemand, der für den Partner einspringt und gleichfalls eine Trekkingreise unternimmt.

Viele Outdoors kennen das. Nach einer Tour erfährt man von allen Seiten des Verwandten- und Freundeskreises Bewunderung und Anerkennung, wenn man seine "Urlaubsstory" aus dem fernen Nordskandinavien oder Kanada erzählt, Dias von einer wilden, noch ungestörten Naturlandschaft präsentiert und Rentiere, Elche, gar einen leibhaftigen Bären oder den so scheuen Vielfraß gesehen hat. Alle sagen einem, wie toll dieses Erlebnis doch gewesen sein muß und wie gerne man selbst eine solche Tour machen würde, doch aus diesem oder jenem Grund leider Gottes nicht kann. Argumente wie "ich will ja schließlich Urlaub machen, und mich nicht drei Wochen lang mit einem 25-kg-Rucksack abrackern, dazu bei eventuell regnerischem Wetter in einem Zwei-Mann-Zelt auf einer harten Isomatte dahinfristen, obwohl man für dasselbe Geld nach Spanien hätte fahren können" hört man immer wieder. Oder "ach, das ist nichts für mich, das ist viel zu hart, das schaffe ich nicht."

Da ziehen viele den Fernsehbericht oder den hierzulande immer gut besuchten Diavortrag über Gegenden, die man nur mit Zelt und Rucksack bereisen kann, vor. Da nützen alle tollen Storys und faszinierenden Bilder nichts. Wenn es an die Planung einer Trekkingtour geht, bekommen viele kalte Füße und wählen lieber den "Erholungsurlaub" in einem komfortablen Feriendomizil des sonnigen Südens.

Abenteuersingles

Diese Bezeichnung hört sich zwar etwas merkwürdig an, beschreibt aber am ehesten diejenigen, die zwar schon mit einer Gruppe oder mit dem Partner trekkingmäßig unterwegs waren, jedoch schon immer einmal das Abenteuer einer Solotour realisieren wollten. Genießt man meist schon in einer Gruppe die Ruhe und Einsamkeit der Natur, so ist die Vorstellung, dies alleine über einen Zeitraum von mehreren Wochen zu erleben, sicherlich eine große Steigerung und Herausforderung.

Darüber hinaus gibt es Leute, die mit einer Gruppenreise vielleicht schlechte Erfahrungen gemacht haben und die darum jetzt individuell aktiv werden wollen. Dies ist einerseits durchaus verständlich, weil nicht passende Reisebegleiter den Erholungswert einer Tour erheblich mindern können. Andererseits muß man sich den Vorwurf gefallen lassen, seine Begleiter nicht sorgsam genug ausgesucht zu haben. Durch eine zwei- bis dreitägige **"Wochenendprobetour"** (auch gut, um die Funktionalität der Ausrüstung zu testen) kann man solche Fehleinschätzungen vermeiden. Nichtsdestotrotz wollen Abenteuersingles aber nun eine Solotour unternehmen, durch die sich natürlich ganz andere Aspekte sowie Vor- und Nachteile ergeben.

Einzelkämpfer

Einer weiteren Sparte der Singlereisenden sind die sogenannten Einzelkämpfer zuzuordnen. Dies ist auf gar keinen Fall negativ gemeint, denn für diese Menschen ist es eine Alltäglichkeit, selbstverantwortlich und vollkommen eigenständig wichtige Entscheidungen zu treffen. Sie kommen am besten mit dem eigenen Ego zurecht und sind oft gestandene "Self-made-men/-women", die sich im Berufs- und Freizeitalltag schon bewiesen und bewährt haben, auch wenn andere sie vielleicht als Eigenbrötler und Einzelgänger sehen. Für sie ist eine Trekkingtour "solo" meistens nichts Besonderes.

Survivalfreaks

Zu guter Letzt gibt es noch die Survivalspezialisten, die nahezu auf alles verzichten. Kein Partner, kaum Ausrüstung und fast keinen Proviant. Sie leben fast ausschließlich von und mit dem, was sie in der Natur vorfinden.

Diese Überlebenskünstler schlagen sich so durch alle Landschaften und sind für (fast) alle noch so widrigen Lebenslagen gewappnet, auch wenn ein Survivalurlaub (sofern man so etwas noch als Urlaub bezeichnen kann) auf Otto Normalverbraucher wie eine **spartanische Tortur** wirkt.

Seit dem Bekanntwerden eines **Rüdiger Nehberg** steht allerdings auch die Survivalgilde in einem etwas besseren Licht da, und man hält sie keineswegs mehr nur für Sonderlinge und Spinner. Rüdiger Nehberg hat mit seinen Touren durch den brasilianischen Regenwald und Fahrten über den Atlantischen Ozean und seinem Einsatz für die Menschenrechte bedrohter Naturvölker nicht nur viel Aufklärungsarbeit geleistet, sondern gleichzeitig den Begriff "Survival" in ein positiveres Licht gerückt.

Alle hier aufgezählten Gruppierungen haben jedoch eines gemein. Sie wollen eine Solotrekkingtour unternehmen und suchen somit bewußt die Einsamkeit und die Stille der Natur. Sie verzichten dabei auf die Gesellschaft eines Partners oder einer Gruppe. Daß dies den **Erlebniswert**, das **Intensitätsgefühl** und das **Abenteuer** steigern kann, sich gleichzeitig aber auch das **Risiko** und die möglichen Gefahren erhöhen, darauf werden wir in späteren Kapiteln noch zu sprechen kommen.

Planung und Vorbereitung

Der Gedanke an eine Solotrekkingtour ist nun also soweit fortge-schritten, daß man sich mit der Planung und der Vorbereitung beschäf-tigen will und soll.

Wichtig ist vor allem, den Entschluß, allein zu wandern, schon weit im Vorfeld einer Reise zu treffen und nicht erst zwei bis drei Wochen vor Reiseantritt oder gar aus der Verlegenheit heraus, auf einmal alleine dazustehen, weil Bekannte (wir wollen sie hier mal Wackelkan-didaten nennen), aus welchen Gründen auch immer, abgesprungen sind. Oder es existiert der Gedanke, "ach irgendeiner von den Be-kannten oder Freunden wird schon mitkommen", und jetzt steht man mit leeren Händen bzw. ohne Reisepartner da.

Die **Planung** einer Trekkingtour (und einer Solotour erst recht) sollte schon **sehr sorgfältig** angegangen werden. Man kann bei den ersten Solotour ruhig einen Planungszeitraum von drei bis vier Monaten an-setzen. Während dieser Zeit beschäftigt man sich natürlich nicht pau-senlos mit irgendwelchen Vorbereitungen, sondern es gilt, wichtige **Entscheidungen** zu treffen, **Ausrüstung** und **Proviant** zu besorgen, seine eigene **Psyche** auf eine Solotour einzustimmen. Und schließlich verlängert sich auch die Vorfreude, indem sich man auf ein Urlaubsziel seelisch und körperlich vorbereitet.

Beim Thema Planung denkt sicher erstmal jeder an das **Urlaubs-ziel**. Wohin soll es überhaupt gehen, wo liegt das Reiseziel? Diese Frage hat sich für die meisten bereits im Vorfeld geklärt. Sie haben auch schon eine ziemlich klare Vorstellung, wie man in das Zielgebiet gelangt und wie man sich dort fortbewegt; zu Fuß, mit dem Bike, paddelnd mit einem Kanu oder Kajak oder auf Skiern, je nach Jahres-zeit und ob es in den kälteren Norden oder den sonnigen Süden geht.

Als nächstes sollte man dann die ungefähre **Dauer** der Reise be-stimmen. Dazu jedoch müssen zwei sich gegenüberstehende Faktoren unter einen Hut gebracht werden. Da ist zum einen der Zeitfaktor, d.h. wie lange brauche ich, um ein bestimmtes Ziel zu erreichen oder eine bestimmte Strecke zu absolvieren, ohne dabei in Zeitdruck zu geraten? (Genügend Ruhetage einplanen!)

Demgegenüber steht die Proviant- bzw. Ausrüstungsmenge, die es zu transportieren gilt und die sich natürlich mit wachsender Tageszahl erhöht. Es sei denn, man hat die Möglichkeit (und auch die Gewißheit), sich unterwegs verpflegen zu können.

Auf der anderen Seite sollte schon gut überlegt werden, daß man je nach Urlaubsgegend bei einer Solotour wirklich längere Zeit keine Menschen trifft und ganz auf sich gestellt ist (☞ Psychologie).

Erfahrene Trekker wissen schon ungefähr, worauf sie sich einlassen. Der **Trekkingeinsteiger** oder jemand, der weniger Erfahrung mitbringt, sollte sich während seiner Vorbereitungs- und Planungszeit auf seine Solotour gezielt **einstellen** bzw. **trainieren**. Dadurch kann man sich die herbe Enttäuschung ersparen, während des Urlaubs festzustellen, daß eine Solotour doch nicht das richtige für einen ist und man die Unternehmung dann gefrustet abbricht.

Wie hat man sich eine solche Trainingsphase vorzustellen?

Nun, auf gar keinen Fall wie ein leistungssportliches Training eines 10.000-Meter-Läufers auf die Deutschen Meisterschaften hin. Es geht nicht darum, ein bestimmtes sportliches Programm abzuspulen, indem man innerhalb von zwei bis drei Monaten dreimal in der Woche 10 km mit dem Rucksack joggt. Damit ist der Erfolg einer Solotour nämlich keinesfalls garantiert, wenngleich ein guter **körperlicher Fitneßzustand** schon eine gewisse **Grundvoraussetzung** darstellt. Regelmäßiges Joggen, Radfahren, Schwimmen und Wandern sind sicherlich ein großer Vorteil und außerdem gesund. Dies alles bildet aber letztendlich nur eine Komponente beim Training im Hinblick auf eine erlebnisreiche, positive Trekkingtour.

Das Sprichwort, daß ein gesunder Geist in einem gesunden Körper weilt, hat immer noch Gültigkeit. Nur das Zusammenspiel von beidem ist die beste Voraussetzung für eine positive Bewältigung einer harten Tour. Der Gedanke einer Solotour muß im eigenen Kopf erst reifen, um schließlich dafür bereit zu sein.

Den **Körper** zu trainieren ist recht einfach. Wie schon erwähnt, joggt man, fährt Rad, wandert oder geht ähnlichen Aktivitäten nach. Gleichzeitig werden hierbei neu angeschaffte Ausrüstungsgegenstände getestet.

Seine **Psyche** kann man aber ebenfalls schon auf einen Solotrip einstimmen, indem die Trainingseinheiten größtenteils alleine absolviert werden. Hier lassen sich dann ohne weiteres noch ein paar zusätzliche **"Erschwernisse"** einbauen. Sind Sie schon einmal nachts im Dunkeln alleine durch den Wald gegangen, gejoggt oder mit dem Rad gefahren? (Vorsicht, nicht zu schnell!).

Wer dies das erste Mal versucht, sollte die Situation auf keinen Fall unterschätzen. Man kommt sich fast wie ein vierjähriges Kind vor, das zum ersten Mal alleine in den Keller geht. Überall hört man ungewohnte und unnatürliche Geräusche. Hinter jeder Ecke lauert ein Monster. Wer jetzt lacht und bei seinem ersten nächtlichen Waldalleingang nicht Ähnliches erlebt (hat), der darf sich morgen bei der Fremdenlegion melden. Den meisten Menschen erging es so oder ansatzweise ähnlich.

Eine weitere Steigerung wäre als nächstes, einmal alleine eine Nacht zu **biwakieren** oder bei gutem Wetter mit dem Schlafsack und der Isomatte unter freiem Himmel im Wald zu schlafen. Des weiteren kann man einmal an einem Wochenende für zwei bis drei Tage alleine in ein unbekanntes Gebiet aufbrechen (muß gar nicht weit weg sein), ohne vorher jemanden planend zu Rate zu ziehen und auch während der Tour andere Wanderer oder Einheimische zu fragen, um schon bei solchen Unternehmungen bewußt alle Entscheidungen selbst zu treffen. Gleichzeitig lernt man dabei, die Karte zu lesen, mit dem Kompaß umzugehen und manches mehr, das vielleicht schon etwas in Vergessenheit geraten war.

Weiterhin sehr hilfreich ist, wenn man auf solchen Wochenendtrips schon bewußt **"Notsituationen"** herbeiführt bzw. diese simuliert. Das heißt, daß man gerade bei schlechtem Wetter etwas unternimmt und dabei gleichzeitig die Regentauglichkeit der Bekleidung und der Ausrüstung testet.

Meist werden unter schlechten Wetterbedingungen die Schwachstellen der Kleidung und des Equipments schonungslos aufgedeckt und man kann noch rechtzeitig reagieren und sich qualitativ bessere Sachen zulegen. So ziemlich das Schlimmste, was passieren kann, ist, wenn man während einer mehrwöchigen Tour feststellt, daß die Kleidung ungenügend ist, man längere Zeit naß ist, friert und sich eine Erkältung, im schlimmsten Fall gar Erfrierungen zuzieht. Außerdem lernt man seine Ausrüstung wie Zelt, Rucksack, Schlafsack und anderes richtig einzuschätzen und, wer die Erfahrung bisher noch nicht hatte, auch sich selbst.

Gerade schlechte Wetterbedingungen sorgen dafür, den **Stellenwert** des Menschen selbst in der Natur wieder zurechtzurücken. Wer schon einmal nach drei bis vier Tagen Dauerregen mit nassen Klamotten und einem mittlerweile feuchtklammen Schlafsack bei einer Temperatur von 0 bis 5 °C eine Nacht im Zelt zugebracht hat, weiß, wovon wir sprechen. Jede warme Mahlzeit, sei sie auch noch so karg und einfach, ein heißer Kaffee oder Kakao werden dann zu einem Highlight des Tages. Daß jedem von uns solche Situationen nicht gerade sehr viel Spaß bereiten, dürfte allen klar sein. Um so wichtiger ist es zu wissen, daß man imstande ist, sie zu meistern. Außerdem gibt es nichts Schöneres, als wenn man nach schwierigen Tagen mit Unannehmlichkeiten und Unbequemlichkeiten, im Extremfall sogar tagelanger Pein, wieder den berühmten Silberstreif (bzw. besseres Wetter) am Horizont erkennt.

Mit diesen Erfahrungen hat man dann das notwendige **Selbstbewußtsein** getankt und seine persönlichen Grenzen etwas besser kennengelernt. Solche **"Erfolgserlebnisse"** sind es aber auch, die das eigentliche Training ausmachen sollten. Sie tragen dazu bei, daß man an Routine gewinnt, den Umgang mit der Ausrüstung, dem eigenen

Körper und der Natur trainiert bzw. lernt, alle drei Komponenten richtig einzuschätzen.

Erfahrene Trekkinghasen (mit zehn und mehr Jahren Erfahrung) werden bei den Trainingsvorschlägen in diesem Kapitel vielleicht ein wenig lächeln, aber auch sie sollten bedenken, daß zwei Dinge einer ständigen Weiter- bzw. Rückentwicklung unterliegen. Dies ist zum einen die **Ausrüstung**, die von den zahlreichen Anbietern ständig weiterentwickelt und verbessert wird. Die Spezialisierung auf bestimmte Bereiche wird dabei immer differenzierter. Früher hatte man ein paar Wanderschuhe, ein Zelt und einen Schlafsack für alles, Winter wie Sommer. Heute ist das Angebot bzw. die Produktpalette für den einzelnen fast unüberschaubar geworden. Um so wichtiger ist dann die Frage, was für einen das richtige ist.

Zum anderen unterliegt (leider) bei uns allen der Körper einem ständigen Wandel und mit steigendem Alter einem stetigen **Zellenzerfall**. Auch Trekkingfreaks, umfasse ihre Erfahrung auch noch so viele Jahre und Touren, tun gut daran, am Ball zu bleiben und ständig ein gewisses körperliches Training zu absolvieren. Mit zunehmendem Alter ist es ratsam, den **Muskelapparat** zu trainieren, damit er die Gelenke und Knorpel unterstützt, die bei den meisten schon ab 35 Jahren leicht lädiert sind und somit ein erhöhtes Verletzungsrisiko darstellen.

Gymnastik sollte ohnehin jeder von uns betreiben, und wenn es nur fünf Minuten täglich sind. Der Rücken wird es einem danken.

Viele Menschen in unserer heutigen Gesellschaft sitzen aufgrund ihres Berufes die meiste Zeit des Tages auf ihrem Allerwertesten, und wer dann nicht zum Ausgleich **Fitneßaktivitäten** dagegensetzt, wird im Laufe der Jahre merken, wie sein Körper abbaut. Eine 20-km-Tour an einem Tag wird zu einer Tortur, selbst ohne Gepäck, und man spürt am nächsten Morgen sämtliche Knochen und Muskeln.

Doch derjenige, der aktiv im Training bleibt, kann da nur schmunzeln. Wanderungen werden für ihn bis ins hohe Alter hinein kein Problem darstellen. Dirks Eltern sind mit über 65 Jahren der beste Beweis dafür.

Zusammenfassend kann man sagen, daß ein sinnvolles **Training** für eine Solotour **unumgänglich** ist. Für Einsteiger sowieso. Aber auch für alte Trekkinghasen empfiehlt es sich, die Ausrüstung ständig abzuchecken und den Körper fit zu halten. Die meisten werden ohnehin jede Gelegenheit wahrnehmen, um am Wochenende **Kurztrips** zu unternehmen. Im Hinblick auf eine Solotour sollte jeder einmal die von uns vorgeschlagenen **Psychotests** anwenden und kleinere Trips antreten, um vorher zu wissen, auf was man sich einläßt.

Ausrüstung und Proviant

Ausrüstung

Als erstes möchten wir an dieser Stelle sagen, daß in diesem Kapitel weder eine Ausrüstungsliste, noch ein Ratgeber in Sachen Material-kunde folgen wird. Wer sich unsicher ist, welche Ausrüstungsgegen-stände überhaupt für ihn die geeignetsten sind, sollte sich parallel zu diesem Buch ein Ausrüstungshandbuch zulegen. Dazu sollte man einige Trekkingläden aufsuchen, sich ausgiebig beraten lassen und dann abwägen, was für die persönlichen Bedürfnisse das Beste ist.

📖 *Wildniswandern - Planen - Ausrüsten - Durchführen* - Basiswissen für Draußen (Band 7) von Reinhard Kummer, Conrad Stein Verlag, Kronshagen. ISBN 3-89392-108-7, DM 12,80.

Worauf es in erster Linie ankommt ist, daß man weiß, welche äuße-ren **(Wetter-)Bedingungen** während der Tour auftreten können. Diese Information muß stimmen, denn wenn man bei der Ankunft im Zielge-biet bemerkt, daß anstatt der geplanten 5 bis 10 °C nur -15 bis -5 °C herrschen, kann man eigentlich fast schon wieder abreisen. Es sei denn, man hat einen dicken Geldbeutel und an Ort und Stelle geeig-nete Einkaufsmöglichkeiten, um die Ausrüstung zu vervollständigen.

Am besten ist natürlich, wenn man die Ausrüstung zu Hause sorg-fältigst zusammenstellt. Wie schon im Kapitel "Planung und Vorberei-tung" erwähnt, sollte alles getestet und für gut befunden werden, bevor es losgeht. Im Hinblick auf eine Solotour sollte man noch wesentlich kritischer und akribischer an die Auswahl der Sachen herangehen als bei einer Wandertour mit Partner/n.

Zum einen muß nämlich die **Qualität** der Ausrüstung ausreichend sein, denn ich habe keinen Reisepartner, von dem ich mir etwas bor-gen könnte. Und zu jedem Ausrüstungsteil kann (und soll) man auch nicht unbedingt ein **Ersatzstück** mitnehmen. Das wiederum bedeutet, daß alles, was kaputtgeht, **reparabel** sein muß (Nähkünste sind immer von Vorteil!). Und was während der Tour verlorengeht, muß durch Ein-fallsreichtum und Improvisation ersetzt werden.

Wir haben auf einer Tour einmal einen Schweizer getroffen, der schusseligerweise alle Heringe verloren hatte und diese dann durch selbstgeschnitzte Holzheringe ersetzt hatte.

Auf einer Wintertour hat Dirk mehrfach seine in die Jahre gekom-menen Wollhandschuhe nähen müssen, hat einen gebrochenen Ski-stock repariert und selbst eine defekte Skibindung instand gesetzt. Mit ein bißchen handwerklichem Geschick ist sehr vieles machbar, frei nach dem Motto: "Dumm darf man sein, nur Ideen muß man haben."

Der zweite wichtige Aspekt in Sachen Ausrüstung ist die **Quantität**. Und genau hier liegt bei den meisten der Hase im Pfeffer begraben. Was so alles an Ausrüstung zu den entlegensten Plätzen dieser Erde mitgeschleift wird, ist einfach unglaublich. Dem kultivierten Mitteleuropäer liegt anscheinend ein anerzogenes Sicherheitsdenken im Blute. Für alle auch nur im entferntesten denkbaren Situationen wird vorgesorgt und doppelter Ersatz eingepackt. Dies mag für einige Kleidungsstücke auch durchaus ratsam sein und unverzichtbar erscheinen, für das Gros der Ausrüstung ist ein solches Denken überflüssig. Sinnvoll ist jedoch folgendes:

Man erstellt eine **Ausrüstungsliste**, auf der alle vorhandenen Ausrüstungsteile stehen. Dann geht man diese Liste Stück für Stück durch und überlegt eindringlich, ob man jedes einzelne Teil auch wirklich braucht. Was dann übrigbleibt, wird auf einen großen Berg gelegt (eigentlich sollte es ein kleiner sein). Diese ganzen Sachen müssen dann in den Rucksack passen und zwar in einen, denn man plant ja eine Solotour. Da gibt es keinen Kameraden, um Zelt, Kocher, Geschirr

45 Kilogramm im Rucksack sind doch nun wirklich kein Problem!

oder ähnliches aufzuteilen. Im Hinblick darauf, daß bei einer Solotour wirklich (fast) jedes Gramm eine Rolle spielt, sollte man mehrfach jedes Ausrüstungsstück auf seine tatsächliche Existenzberechtigung prüfen und versuchen, sich von seinem Sicherheitsdenken ein wenig zu lösen. Man glaubt gar nicht, mit wie wenig Sachen es sich leben läßt.

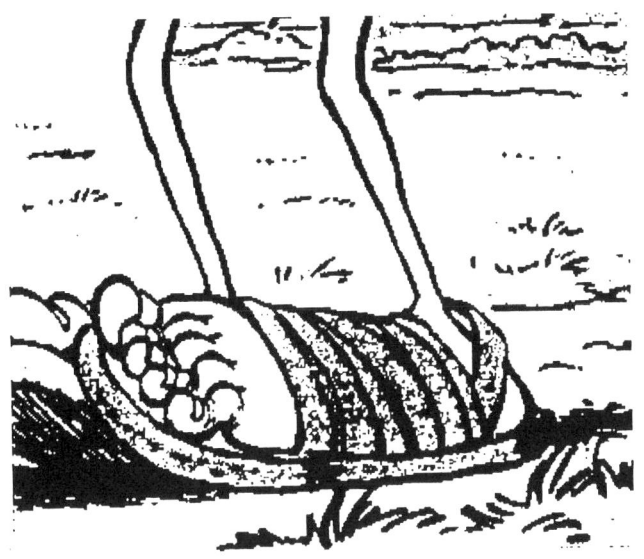

Das richtige Schuhwerk ist schon wichtig!

Einmal **Unterwäsche** und **Socken** zum Wechseln sollte allerdings jeder mitnehmen. Alleine schon aus dem Grund, damit man immer einen Satz trockene Unterwäsche in Reserve hat. Wenn man nicht unbedingt muß, gibt es ohnehin keinen Grund etwas zu wechseln, denn bei einer Solotour braucht einen ja auch kein anderer geruchsmäßig zu ertragen, und den eigenen Geruch nimmt man ohnehin nicht so stark wahr. Dazu zwei **Hemden**, zwei **Hosen** (je eine/s hat man an), eine **Fleecejacke**, eine **Gore-texjacke**, dazu ein Paar **Wanderschuhe**, ein Paar leichte **Turnschuhe**, **Gamaschen**, **Handschuhe**, **Mütze**. Hinzu kommen natürlich die unumgänglichen Ausrüstungsgegenstände wie **Zelt**, **Kocher**, **Schlafsack** und diverser **nützlicher Kleinkram**.

Aber gerade bei dem sogenannten "nützlichen Kleinkram" summieren sich die einzelnen Sachen zu überflüssigen Kilos. Man sollte mit diesem Posten nicht zu lässig umgehen und darf sich nicht einfach fragen: "Könnte das passieren oder dieses oder jenes?", sondern es zählt einzig und allein die Frage: "Brauche ich dieses Teil unbedingt?"

Einige dieser **nützlichen Dinge** wollen wir an dieser Stelle doch aufführen, weil sie nach unserer Meinung auf keiner Solotour fehlen sollten. Das sind ein **Taschenmesser** (mit Schraubenzieher, Dosen- und Flaschenöffner), **Nähzeug**, ein bis zwei Meter **Schnur**, eine **Kerze**, **Streichhölzer** bzw. **Feuerzeug**, **Reparaturhülse** für Zeltgestänge, **Tarp** (Wetterplane), **Apotheke**, kleine Rolle **Leinenklebeband**, ein **Kompaß** und ein **Seil**.

Ein gutes **Buch** sollte auf einer Solotour auch nie fehlen, bei dem man alles um sich herum vergessen und einfach abschalten kann. Des weiteren sehr empfehlenswert ist, bei einem Solotrip ein **Tagebuch** zu führen.

Für Leute mit intensiven persönlichen Bindungen bzw. auch solche, die schon einmal zu Heimweh neigen, ist es hilfreich, ein paar **Fotos** (drei bis vier, kein Album!) von den Allerliebsten mitzunehmen. So wird das Gefühl vermittelt, sie seien als Begleiter bei der Tour (☞ Psychologie).

Proviant

Beim Proviant muß die oberste Maxime ebenfalls **Gewicht einsparen** lauten. Jeder Solotrekker muß schließlich (außer den ganzen Klamotten) den Brennstoff, den Kocher, das Geschirr, das Besteck und den gesamten Proviant auf seinem eigenen Buckel tragen. Somit muß also auch dieses Gewicht soweit wie irgend möglich reduziert werden.

Dabei muß man dem Körper aber immer noch **genügend Kalorien** zuführen. Die benötigte Kalorienzahl für den Normaltrekker (ohne Bandwurm) dürfte so etwa bei 2.500 bis 3.000 Kalorien pro Tag liegen. Travelasketen kommen auch mit weniger aus. Man kann sich ohnehin die Frage stellen, ob es gar nicht so schlecht ist, einmal für 7 bis 14 Tage den Gürtel etwas enger zu schnallen. Es muß ja nicht zu einer Hungerkur ausarten. Im Sommer kann man so ohne Probleme durchaus mit 2.500 Kalorien auskommen.

Eines sollte man trotz aller Kalorienrechnerei nie außer acht lassen. Es muß **geschmacklich absolut o.k.** sein. Es gibt (außer permanenter Unterverpflegung und damit verbundenem steten Hungergefühl) nichts

Schlimmeres, als wenn man sich 14 Tage vor seiner eigenen Verpflegung ekelt. So etwas vermiest einem die gesamte Tour. Es hat also absolut keinen Zweck, daß man aus wissenschaftlicher (bzw. ärztlicher) Sicht die optimale Trekkingnahrung bei sich hat, sich aber bei jeder Mahlzeit das Essen hinunterzwingen muß.

Der Hauptmaxime der Gewichtsreduzierung sollte also nur soweit Rechnung getragen werden, als dies unter Berücksichtigung der Wahrung des Genusses möglich ist. Es sollte alles im Vorfeld **getestet**, für gut und schmackhaft befunden werden. Im Ernstfall auf der Tour, bei Regen, Wind und Wetter, schmeckt dann ohnehin alles noch eine Geschmacksstufe besser.

Man findet die bestmögliche Verpflegung für sich selbst am leichtesten heraus, indem man sich ein (Trekking-)**Verpflegungshandbuch** zulegt und alles mögliche daraus ausprobiert.

> **Kochen** - *Basiswissen für Draußen* (Band 8) von Cliff Jacobson, Conrad Stein Verlag, Kronshagen. ISBN 3-89392-107-9, DM 12,80.

Auf jeden Fall ergibt sich bei einer Solotour der Vorteil, daß man auf keinen anderen Rücksicht zu nehmen braucht und ausschließlich das mitnehmen kann, was einem selbst am besten mundet.

Ein paar **Grundregeln** seien in diesem Kapitel allerdings noch erwähnt:

Das meiste Gewicht kann man einsparen, indem man auf Lebensmittel mit einem hohen Wasseranteil verzichtet. Die Tendenz sollte also eindeutig zu **pulverisierter** bzw. **dehydrierter** (getrockneter) Nahrung gehen. Heutzutage gibt es fast alles in getrockneter Form zu kaufen (z.B. Dörrobst, Müsli, Milch-, Eipulver u.v.m.). Und begabte Hausfrauen/-männer können mit etwas Geschick und Übung auch vieles selbst herstellen. Es lassen sich damit schmackhafte Ergebnisse erzielen und der Geldbeutel wird auch noch etwas geschont.

Auf der Tour benötigt man dann zu den getrockneten Lebensmitteln nur noch eines, und zwar **Wasser**. Und daran sollte es bei einer "normalen" Tour nicht mangeln, es sei denn, man bewegt sich in wüstenähnlichen Gegenden.

Ratsam vor Reiseantritt ist auf jeden Fall, sich über die Wasserqualität des Zielgebietes zu erkundigen. Gegebenenfalls muß man dann dort das Wasser (mindestens fünf Minuten) abkochen und/oder ein Mittel zuführen, das alle Bakterien im Wasser abtötet. Will man jedoch in eine sehr wasserarme Gegend, so sollte man sich vorher einige Survivaltechniken aneignen (siehe u.a. zahlreiche Lektüre von R. Nehberg), oder kräftig genug und willens sein, Wasser in ausreichendem Maße mitzuführen.

Des weiteren bieten sich bestimmte Lebensmittel schon von selbst an, weil sie nur wenig Wasser, aber Vitamine und wichtige Mineralien und Spurenelemente enthalten, nahrhaft und schmackhaft sind. Hierzu zählen z.B. **Hartwurst** (Salami), alle **Nußarten**, **Studentenfutter** und **getrocknetes Obst**.

Es braucht allerdings niemand Angst zu haben, auf einer 14tägigen Trekkingtour aufgrund einseitiger Ernährung Skorbut zu bekommen oder sonstige **Mangelerscheinungen** zu erleiden. Über solche Dinge sollte man sich erst bei extremeren und längeren (Winter-)Touren Gedanken machen, wenngleich es nie schaden kann, dem Hausarzt von der geplanten Tour zu berichten und ihm dabei kurz den Ernährungsplan vorzulegen.

Auf was man auch auf gar keinen Fall verzichten sollte, ist eine **warme Mahlzeit** pro Tag. Da man meistens tagsüber unterwegs ist und mittags der Umstände halber auf eine Kochorgie verzichten sollte, bietet sich natürlich der Abend zum Kochen an. Das Zelt steht, der Schlafsack ist ausgerollt. Einzig zum Glück fehlt noch eine warme Mahlzeit. Hier stehen mittlerweile den Gourmets unter den Trekkern alle Türen offen. Das heißt, der Markt an **Fertiggerichten** speziell für den Outdoorfan ist mittlerweile riesengroß. Da kann man es sich einfach machen und auf Fertiggerichte von speziellen Firmen zurückgreifen (Simpert und Reiter haben ein vielfältiges Angebot und es schmeckt ausgezeichnet).

Vor einigen Jahren noch galten viele Trekkinggerichte als bessere Würgehilfe. Mittlerweile hat sich aber, nicht zuletzt aufgrund der gestiegenen Konkurrenz, die Genießbarkeit erheblich gesteigert und man kann fast bedenkenlos nach dem persönlichen Geschmack aussuchen und zuschlagen (aber auch hier lieber vor der Tour testen!).

Als Alternative zu Trekkingspezialfertigfood hat man dann noch die Möglichkeit, Fertig(Nudel-, Reis-)gerichte aus dem Supermarkt als Grundsubstanz zu wählen und diese mit verschiedenen Zusätzen anzureichern. Als Zusatz bietet sich eine ganz spezielle Delikatesse an, die in den letzten Jahren unter den Trekkern immer mehr an Popularität gewonnen hat und an Nahrhaftigkeit (im Verhältnis zum Gewicht) wohl kaum zu schlagen ist. Es handelt sich dabei um **Cathay**, welches auf das indianische **Pemmikan** zurückgreift. Es wird mittlerweile sogar in verschiedenen Geschmacksrichtungen angeboten. Darin enthalten sind neben verschiedenen Fleischarten, Gemüse und Gewürzen auch verschiedene Beerensorten und diverse andere gesunde Stoffe. Man bekommt es direkt vom Hersteller und in allen guten Trekkingläden.

◆   Hersteller: Karl Josef Metzmacher, Apfelstr.53, 52525 Heinsberg.

Des weiteren kann man für unterwegs als schnellen Snack auf das zahlreiche Angebot der **Energieriegel** zurückgreifen. Hier empfiehlt sich aber der genaue Blick auf das Gewicht/Kalorienverhältnis und vor allem ein Geschmackstest. Einige Hersteller muten nämlich dem Käufer arge Gaumentests zu. Grundsätzlich sollte man aber zu solchen Energieriegeln immer etwas trinken (dann rutscht es gleichzeitig auch viel besser). Zwei Fliegen mit einer Klappe schlägt hier derjenige, der **Brausemineral-** oder **Vitamintabletten** verwendet.

Insgesamt läßt sich zur Verpflegung sagen, daß man das **Proviant-gewicht** so **gering** wie möglich halten und bei den Lebensmitteln ein möglichst gutes **Gewicht/Kalorienverhältnis** erzielen sollte. Vor allem sollte dann das Ganze aber auch schmecken. Wer diese Regeln befolgt, kommt leicht für den Proviant auf ein Gewicht von unter 1 kg je 3.000 kcal pro Tag.

Der Individualist und Tüftler wird mehr Spaß daran haben, sich möglichst wenig fertig zu kaufen, dagegen vieles zu Hause selbst herzustellen (trocknen), zusammenzustellen und zu portionieren, denn alleine dies macht schon einen Höllenspaß und erhöht die Vorfreude auf die Tour ungemein. Wir bevorzugen eine Mischung von allem. Wer jedoch weniger Erfahrung hat oder die einfachere schnelle Lösung wählt, greift auf das reichhaltige und mittlerweile auch qualitativ sehr gute Angebot an Trekkingfertignahrung zurück.

Wer dann für 2.500 kcal wohlschmeckenden Proviants ca. 750 g pro Tag ansetzt (14 Tage = 10,5 kg) kann schnell ausrechnen, wie lange man unterwegs sein kann, um seinem Kreuz nicht zuviel zuzumuten. Da für viele die Schmerzgrenze bei ca. 25 bis 30 kg liegt, bleiben ca. 15 bis 20 kg für die komplette restliche Ausrüstung inklusive Rucksack, Zelt, Schlafsack, Kocher, Geschirr, Klamotten, Fotoausrüstung und sonstigem Kleinkram. Wer aber sorgsam plant und auswählt, der sollte hier vor keine unüberwindlichen Probleme gestellt sein.

Sicherheitsvorkehrungen

Jeder, der sich erstmals aufmacht, eine Wanderung im Alleingang zu erleben, sollte sich grundsätzlich darüber im klaren sein, daß jede individuelle Wanderung einen erheblich **größeren Aufwand** der Planung sowie der Vorbereitung mit sich bringt als eine geführte Tour.

Bei Wanderaktivitäten innerhalb einer Gruppe unter der Obhut eines erfahrenen Guides werden jedem Teilnehmer gerade die grundlegenden Bestandteile des Outdoor-Daseins bereits abgenommen. Der einzelne Teilnehmer hat zwar im Rahmen der Tour seine ihm zugedachte Aufgabe, jedoch werden diese geführten Wanderungen mittlerweile als Pauschalreise angeboten und durchgeführt. Selbst die Verpflegung und Ausrüstung wird auf Wunsch zur Verfügung gestellt. Dies hat mit einer individuell geplanten Solotour, im Zusammenhang mit Planung und Verlauf, nicht sehr viel gemeinsam und besitzt auch nicht den besonderen Reiz einer solchen.

Für den Solotrekker ist die **Herausforderung** viel **größer** und hiermit auch der Umfang der Anforderungen hinsichtlich der Vorbereitung. Diese kostet einige Zeit und Mühe, bringt aber gleichzeitig eine deutliche Steigerung der Vorfreude auf die bevorstehende Tour mit sich. Ist diese dann schließlich so abgelaufen, wie man sich das vorgestellt hat, liegt dies nicht zuletzt an der guten und sorgfältigen Planung. Wer die Herausforderung einer Solotour erfolgreich meistert, gewinnt enorm an Erfahrung und kann mit Recht ein wenig stolz auf eine Unternehmung sein, die er ganz allein auf die Beine gestellt hat.

Die **Absicherung** einer Wanderung gehört mit zu den wichtigsten Aspekten der Vorbereitung und Durchführung einer Solowanderung, bei der man völlig auf sich allein gestellt ist. Jede Einzelheit, auch wenn sie dem einen oder anderen vielleicht zu sein oder im ersten Moment gar nicht in Betracht zu kommen scheint, kann entscheidend zum Gelingen einer Tour beitragen. Unter Umständen hängt aber auch die eigene Sicherheit von ihr ab. Je gründlicher die Vorbereitung für eine Solotour ausfällt, desto größer sind die Freiräume, das "allein unterwegs sein" zu genießen, ohne sich beim Wandern noch Gedanken um Dinge machen zu müssen, die schon vor der Tour hätten geplant und damit erledigt sein können.

Der Grundstein für die eigene Sicherheit wird mit der Festlegung des **Reisezieles** sowie dem **Umfang** der Wanderung gelegt. Die nachstehenden Fragestellungen sind hierbei von besonderer Bedeutung, erheben jedoch keinen Anspruch auf Vollständigkeit, da die individuellen Zielsetzungen recht unterschiedlich ausfallen können.

Heute ist nahezu jeder Winkel der Erde erreichbar. Für den Wanderer ergeben sich unzählige Tourenmöglichkeiten, so daß wir uns hierbei, was die Sicherheit angeht, auf die wesentlichsten Punkte beschränken, welche grundsätzlich für jede Solowanderung gelten, unabhängig vom Reiseziel und der Art der Wanderung. Diese wollen wir im folgenden anhand von Fragen näher erläutern und gleichzeitig zu ihrer Beantwortung beitragen.

In welche Region will ich mich begeben? Wie sind die örtlichen Gegebenheiten, z.B.: Schwierigkeitsgrad der Geländestruktur, zu erwartende klimatische Verhältnisse in der Zeit, in der ich mich in einem bestimmten Gebiet aufhalten werde, aber auch die zu erwartenden Probleme und Gefahren?

Die Planung, Vorbereitung und Durchführung einer Sommerwanderung, wie beispielsweise die Durchquerung Korsikas auf dem GR 20, sieht sicher ganz anders aus als eine mehrwöchige, expeditionsähnliche Winterwanderung im nordschwedischen Sarek-Nationalpark, die wir in unserem OutdoorHandbuch *Sarek* beschrieben haben.

📖 ***Trans-Korsika GR 20*** - *Der Weg ist das Ziel* (Band 40) von Erik Van de Perre, Conrad Stein Verlag, Kronshagen. ISBN 3-89392-140-0, DM 24,80.

◆ ***Sarek - Padjelanta - Stora Sjöfallet*** - *Der Weg ist das Ziel* (Band 17) von Dietmar Heim und Dirk Klawatzki, Conrad Stein Verlag, Kronshagen. ISBN 3-89392-117-6, DM 19,80.

Nicht nur im Bereich der Verpflegung und Ausrüstung ist hier auf große Unterschiede zu achten. Die körperliche und geistige Belastung fällt, je nach Reiseziel, recht unterschiedlich aus.

Während einer **Sommertour** in **Südeuropa** kann man sich auf überwiegend lange Tage und im allgemeinen recht angenehme Witterungsverhältnisse einstellen. Vor Hitze kann man sich leichter schützen als vor großer Kälte. Ein heftiges Sommergewitter mit viel Regen muß nicht unbedingt ein Grund zum frühzeitigen Zeltaufbau sein und somit das Ende eines Wandertages bedeuten. Ein überraschend auftretender Schneesturm, mit Sichtverhältnissen, die einer großen Sahnetorte im Gesicht gleichen, hat da ganz andere Folgen.

Der Sommer bietet eindeutig den Vorteil der langen Tage mit der Möglichkeit, unter Umständen auch noch bis in die späten Abend hinein zu wandern, um ein bestimmtes Ziel doch noch zu erreichen. Der **Kalorienbedarf** ist im Sommer erheblich geringer als im Winter, was sich positiv auf das **Rucksackgewicht** auswirkt. Dies ist für den Solowanderer besonders wichtig, da er Ausrüstung und Verpflegung mit niemandem abstimmen und entsprechend aufteilen kann. Ein allzu schwer gepackter Rucksack kann im Extremfall bei Touren in sehr schwierigem Gelände schon recht bald zur völligen Erschöpfung und letztendlich zur Aufgabe führen.

Beabsichtigt man die Durchführung einer **Winterwanderung**, nehmen die klimatischen Verhältnisse einen viel größeren Stellenwert ein. Vor allem der Schutz vor **Frost** und **Kälte** sei hier erwähnt. Diese äußeren Faktoren stehen im Vordergrund bei der Auswahl der Ausrüstung sowie der Routenplanung. Die Tage sind, vor allem im hohen Norden, deutlich **kürzer**. Dieser Umstand wird sehr oft übersehen und recht schnell ist ein Tagespensum geplant, welches nicht den natürlichen Gegebenheiten entspricht. Ausrüstung und Verpflegung sind umfangreicher und somit auch **schwerer** als im Sommer. Grundsätzlich ist die Planung und Durchführung einer Solowanderung im Winter um einiges **anspruchsvoller** als die einer Sommertour.

Entspricht die vorhandene Ausrüstung und Verpflegung den Anforderungen der Wanderung?

Im Kapitel "Ausrüstung und Proviant" sind wir bereits auf deren Bestandteile eingegangen. Ergänzend hierzu sei, was die Sicherheit bzw. Eignung der wichtigsten Ausrüstungsteile angeht, noch folgendes erwähnt:

Neu angeschaffte **Wanderschuhe** sollten unbedingt vor dem Beginn einer Tour **eingelaufen** werden. Während einer längeren Winterwanderung in Nordskandinavien sind uns zwei holländische Wanderer begegnet, von denen einer neue, feste Lederschuhe trug, ohne diese vorab eingelaufen zu haben. Seine Füße waren schon nach ein paar Tagen voller Blutblasen, so daß die ursprünglich mehrwöchig geplante Wanderung nicht nur sehr schmerzhaft begann, sondern auch schon nach einer Woche unwiderruflich zu Ende war.

Ähnliches gilt auch für den neuen **Rucksack**, welcher ebenfalls im Vorfeld mit ausreichendem Gewicht eingetragen werden sollte. Dies kann schon im Laufe des Trainings geschehen.

Das **Zelt** vorab zu Hause oder noch besser im Rahmen einer kleineren Wochenendtour aufzubauen, ist ebenso eine unbedingte Voraussetzung. Dies sollte möglichst nicht bei schönstem Sonnenschein geschehen, sondern bei Wind und Regen. Der Solowanderer muß sein Zelt auch bei schlechtesten Wetterbedingungen allein und mühelos aufbauen können.

Im Zusammenhang mit dem unentbehrlichen **Kocher** ist folgendes zu beachten: Dieser sollte, egal ob Spiritus-, Benzin- oder Gaskocher, auf alle Fälle getestet werden. Hierbei auf den Brennstoffverbrauch achten, um für die Gesamttour entsprechend versorgt zu sein. Bei kälteren Temperaturen verlängern sich die Kochzeiten enorm. Auch dieses sollte bedacht werden.

Vor einer **Winterwanderung**, in deren Verlauf im Zelt übernachtet wird, ist ein eingehender Test des **Schlafsackes** ratsam. An erster Stelle steht hier die **Wärmeleistung**, welche sich, falls die Möglichkeit besteht, am besten in einem Kühlhaus feststellen läßt. Bei Solotouren im Winter sollte ein **Biwaksack** für den Notfall immer zur Ausrüstung gehören. Ski oder Schneeschuhe sollten sehr robust und unter Umständen mit geringem Aufwand zu reparieren sein. Das Gesamtgewicht des Rucksacks sollte 30 kg nicht übersteigen. Hiervon sollte die Verpflegung etwa 50% ausmachen. Der Kalorienbedarf ist von Mensch zu Mensch unterschiedlich (☞ Ausrüstung und Proviant).

Die Auswahl in der **Rucksackküche** ist heute so groß, daß hier eigentlich kaum noch Wünsche offenbleiben. Daß unterwegs nicht der Umfang an Speisen und Leckereien zur Verfügung steht, wie der eine oder die andere dies vielleicht von zu Hause gewohnt ist, dürfte klar sein. Sich aber für einen gewissen Zeitraum diesbezüglich zu bescheiden, sollte man als durchaus positive Erfahrung werten.

An **Bekleidung** sollte wirklich nur das unbedingt Notwendigste mitgenommen werden. Im Laufe einer Sommerwanderung lassen sich die meisten Kleidungsstücke unterwegs ohnehin waschen.

Unnötige Dinge, wie ein zweites Paar Wanderschuhe, die Videokamera, der Walkman usw., sind zu Hause besser aufgehoben. Gute **Wanderkarten**, **Kompaß** und eventuell ein **Höhenmesser** sind dagegen unverzichtbar. Eine gut zusammengestellte **Reiseapotheke** sollte jeder mit sich führen für den Fall, daß einen mal das Zipperlein plagt.

Darüber hinaus gibt es natürlich eine Vielzahl sinnvoller Ausrüstungsgegenstände, die je nach Vorhaben (Bergsteigen, Wasserwandern u.ä.) so stark variieren, daß wir hier nicht auf alle Möglichkeiten eingehen können.

Bewege ich mich in einer menschenleeren Landschaft und wie weit ist die nächste Siedlung entfernt? Wieviel Zeit wird für eine bestimmte Wanderung benötigt?

Wanderungen in dünn oder gar nicht besiedelten Gebieten sowie in Wildnisregionen bergen immer ein gewisses **Risiko**, besonders dann, wenn man allein unterwegs ist. Dies gilt aber auch für denjenigen, der sich allein in einer Großstadt oder in Ländern mit unsicheren politischen Verhältnissen bewegt. Hier ist es fast wahrscheinlicher, einen

Verkehrsunfall zu erleiden oder überfallen zu werden, als sich bei einer Wildnistour in unwegsamem Gelände ein Bein zu brechen.

Die Möglichkeit, sich während einer Wanderung ernsthaft zu verletzen, ist natürlich immer gegeben, sollte aber nicht zu hoch bewertet werden. Wer sich bei einer gut geplanten Tour unterwegs umsichtig verhält und auf allzu gewagte Eskapaden verzichtet, kann sein Unfallrisiko sehr gering halten. **Erfahrung** spielt hier selbstverständlich eine große Rolle. Der Solowanderer, der sich in die Wildnis begeben will, sollte vorher bereits kürzere Solowanderungen in "gemäßigteren" Gebieten unternommen haben oder schon auf Wildnistouren innerhalb einer Gruppe dabeigewesen sein.

Um eine Solowanderung in der Wildnis durchzuführen, bedarf es, wie bereits erwähnt, einer detaillierten und genauen **Planung**. Die Zahl der **Reiseführer** ist nahezu unerschöpflich. Über fast alle Länder der Erde gibt es heute mindestens einen Reiseführer. Sich über das jeweilige Reiseziel eingehend zu informieren, dürfte selbstverständlich sein.

Grundlage für die Festlegung der zu durchwandernden Region und Strecke sind gute, handliche, aussagekräftige **Wanderkarten**. Ideal sind hier topographische Vegetationskarten mit einem Maßstab von 1:50.000, welche neben der zu erwartenden eingezeichneten Vegetation auch genaue Höhenlinien beinhalten. Dies ist vor allem für Gebirgstouren wichtig. Der Maßstab einer Wanderkarte sollte nicht über 1:100.000 hinausgehen. Aus einer guten Karte lassen sich zahlreiche Informationen herauslesen, die für die Tourenplanung äußerst wichtig sind. Neben den bereits angesprochenen Punkten sind dies in erster Linie die Lage von **Schutzhütten** sowie die **nächstliegende Siedlung**.

Der Verlauf von Bächen und Flüssen mit der Angabe der genauen Lage von Stromschnellen sowie Gletscher mit ihren Abflüssen, die meist schon vorab den Streckenverlauf im Hinblick auf die Über- bzw. Durchquerung von Flüssen und Bächen bestimmen lassen, gehören zu den wichtigsten Aspekten der Routenplanung.

Schwierige Bach- und Flußdurchquerungen sollte man nach Möglichkeit auf den frühen Morgen legen, da der Wasserstand dann noch niedriger ist als nach dem Mittag bei strahlendem Sonnenschein.

Die Karten sollten so **aktuell** wie möglich sein, da sich die Gegebenheiten in Wildnisregionen naturbedingt verändern können. Dies gilt vor allem für den Zustand von **Brücken** über gefährlichen Wildbächen oder reißenden Flüssen.

Im Verlauf einer mehrwöchigen Sommerwanderung in Island hatten wir mit einer Brücke über einen wildwasserführenden Gletscherabfluß gerechnet. Unser Kartenmaterial war gerade mal ein gutes halbes Jahr alt, dennoch fanden wir die Brücke völlig zerstört vor. Diese war im

Frühjahr von einer mächtigen Springflut weggerissen worden. An dieser Stelle war der Gletscherabfluß für uns nicht zu passieren. Wir mußten einige Kilometer flußabwärts gehen, bis wir ihn endlich queren konnten.

Um in diesem Punkt sicherzugehen, sollte man örtliche Info- oder Touristenbüros anschreiben und dort die entsprechenden Hinweise erfragen. Die jeweiligen Adressen sind in der Regel über die Fremdenverkehrsämter zu erhalten. Äußerst wichtig und informativ ist der Besuch dieser Büros vor Ort, unmittelbar vor dem Beginn einer Tour. Hier sind meist auch noch aktuelle Wetterprognosen zu erhalten.

Steht die mit einem Kartenmesser ermittelte Strecke fest, sollte die hierfür benötigte **Zeit** recht großzügig bemessen werden. Für die jeweiligen Tagesetappen keine zu großen Distanzen vornehmen, das Maximum sollte hier, unabhängig davon, ob es sich um eine Sommer- oder Winterwanderung handelt, bei etwa 15 km liegen. Dies ist natürlich immer abhängig vom jeweiligen Geländeverlauf.

Bei anspruchsvollem Gelände, beispielsweise auf einer Schneeschuhwanderung im frisch gefallenen Tiefschnee, kann es schon mal vorkommen, daß ein ganzer Tag für lediglich fünf Kilometer benötigt wird. Bei festem Schnee, auf ebener Strecke oder einem bequemen Sommerpfad lassen sich aber auch 20 km und mehr bewältigen. Hierauf sollte man sich jedoch nicht verlassen und dies erst recht nicht als Bonus einplanen.

Ruhe- oder Schlechtwettertage müssen auch oder gerade im Zusammenhang mit der Verpflegung sowie nach schweren Wandertagen mit schwierigen Wegabschnitten im voraus bedacht werden. Zeitdruck ist auf einer Wanderung ein denkbar schlechter Begleiter. In der Nähe eines schönen Zeltplatzes lockt vielleicht ein Berg, der eine tolle Aussicht auf die umliegende Landschaft verspricht. Auch hierfür sollte immer Zeit vorhanden sein.

Sind alle Eventualitäten berücksichtigt und die Wanderstrecke mit genauem Verlauf sowie einem vernünftigen Distanz/Zeitverhältnis geplant, sollte diese nachvollziehbar zu **Papier gebracht** werden. Zusammen mit dem Startdatum sowie der spätesten Rückkehr und den persönlichen Angaben ist es vor allem für den Solowanderer in der Wildnis ein unbedingtes **Muß**, diese Liste in der nächstliegenden Ortschaft auf einer Polizeistation oder im Touristenbüro zu hinterlassen. Dies hat schon so manchem Wanderer, der sich selbst nicht mehr helfen konnte, das Leben gerettet. Das **Zurückmelden** darf hierbei aber auf keinen Fall vergessen werden, sonst sitzt man selbst auf dem Weg nach Hause wohlbehalten im Zug und im Nationalpark sind Suchtrupps und Hubschrauber aktiv.

Unterwegs sind neben der entsprechenden Wanderkarte ein guter **Kompaß** und je nach Zielgebiet ein **Höhenmesser** unerläßlich. Im Winter leistet darüber hinaus ein **Thermometer** gute Dienste. Mit Karte und Kompaß umgehen zu können, ist eine Grundvoraussetzung. Auch zu diesem Thema liegt im Conrad Stein Verlag ein entsprechendes OutdoorHandbuch vor.

📖   **Karte & Kompaß** - *Basiswissen für Draußen* (Band 4) von Cliff Jacobson, Conrad Stein Verlag, Kronshagen. ISBN 3-89392-104-4, DM 12,80.

Zwischendurch, bei kleinen Pausen, ist es interessant und hilfreich, immer wieder den eigenen Standort auf der Karte zu ermitteln und sich mit der sich bei jedem Schritt verändernden Landschaft vertraut zu machen. Am Abend im Zelt oder in der Schutzhütte sollte die **Standortbestimmung** ausführlich und genau vorgenommen werden, um am nächsten Morgen wieder sicher orientiert starten zu können.

Wir haben es uns von unserer ersten Wanderung an zur Gewohnheit gemacht, jeden Abend **Tagebuch** zu führen. Dieses ist nicht nur für das spätere Erinnern sinnvoll, sondern kann auch bereits unterwegs eine große, weiterführende Hilfe bieten. Ist der eigene Standort nicht ganz eindeutig oder hat man das Gefühl, vielleicht in das falsche Seitental hineingewandert zu sein, läßt sich der zurückgelegte Weg anhand der Aufzeichnungen nachvollziehen.

Bereits dieses intensive Beschäftigen mit Route und Kartenmaterial im Vorfeld bereitet einen ungeheuren Spaß. Vor unseren Wanderungen haben wir hiermit schon so manchen Abend verbracht, der dann oft erst mit dem Frühstück endete. Der spannendste Aspekt ist hierbei wohl die Vorstellung, die man vorab von einem bestimmten Streckenabschnitt oder einer Region entwickelt, und der sich hieraus ergebende Vergleich mit der realen Landschaft. Dadurch wird eine Tour im Grunde schon vor dem eigentlichen Wandern zumindest in der Phantasie erlebt.

Wie verhalte ich mich in bestimmten Wettersituationen?

Bei **Wetterstürzen** bewährt sich entsprechende Kleidung sowie ein **gutes Zelt**. Dieses sollte man bei starkem Regen nicht direkt an einem Bach- oder Flußufer aufschlagen, da dies mit einer bösen Überraschung enden kann. Vor allem in Talsenken kann sich der Wasserstand innerhalb weniger Stunden recht schnell erhöhen und das Zelt wird unversehens zum ungemütlichen Wasserschloß.

Sieht es bereits unterwegs nach heftigem Regen aus, ist es ratsam, den Zeltplatz **frühzeitig** auszuwählen und damit nicht zu warten, bis es bereits wie aus Eimern schüttet. An einem solchen Tag ist die zurück-gelegte Strecke dann eben etwas kürzer ausgefallen als ursprünglich geplant.

Für Mußestunden und Regenpausen im Zelt ist ein gutes **Buch** eine willkommene Abwechslung. Setzt heftiger Wind ein, zeigt es sich, ob das Zelt genügend abgespannt ist. Nachspannen ist fast immer nötig, da sich das Material und die Nähte im nassen Zustand immer etwas ausdehnen. Wichtig sind hier vernünftige **Heringe**. Die beim Zeltkauf mitgelieferten taugen oft nicht viel und sollten, falls nötig, vorab ausge-tauscht werden.

Im Gewitter möglichst **nicht** zwischen Bäumen Schutz suchen oder das Zelt aufbauen, sondern eher einen Platz unterhalb eines Berghanges in halbwegs windgeschützter Lage wählen. Nicht an ex-ponierten Stellen, auf Bergkuppen o.ä. zelten, da sich Blitze oft den höchsten Punkt im Gelände suchen.

Für **Wintertouren** unbedingt an entsprechende **Schneeheringe** denken. Im Tiefschnee sind zusätzlich die Skier und Skistöcke zum Ab-spannen des Zeltes besonders gut geeignet. Der eventuell mitgeführte **Gepäckschlitten** kann zur Stabilisierung des Zeltes an der dem Wind zugewandten Seite gute Dienste leisten. Leichte **Schneeschaufel** nicht vergessen!

Feucht gewordene Kleidung, wie zum Beispiel die Handschuhe, sollte man bei starkem Frost mit in den Schlafsack packen. Außerhalb des Schlafsacks sind diese am nächsten Morgen sonst steif gefroren und zumindest einige Zeit unbrauchbar. Dies kann, aus unserer eigenen Erfahrung, böse enden. **Ersatzhandschuhe** mitnehmen! Beim Auf- und Abbau des Zeltes im Winter sollten Metallteile nicht mit bloßen Händen angefaßt werden. Ist das Außenzelt in der Nacht naß geworden, ist es von Vorteil, dieses in einem separaten **Packbeutel** aufzubewahren, um wenigstens das Innenzelt halbwegs trocken zu halten.

Wetter - *Basiswissen für Draußen* (Band 13) von Michael Hodgson & Meeno Schrader, Conrad Stein Verlag, Kronshagen. ISBN 3-89392-113-3, DM 12,80.

Wenn diese Punkte geklärt sind, stellt sich die wichtigste Frage: Bin ich physisch und psychisch in der Lage, ein solches Vorhaben allein zu realisieren?

Diese Frage kann abschließend nur jeder für sich selbst beantworten. Zusammenfassend sei hierzu noch angemerkt:

Schon eine **kurze Solotour** eignet sich als **Test**, um einige Aufschlüsse über bereits vorhandene Grundlagen oder noch zu verbessernde Defizite zu geben, bevor dann später vielleicht die lange Solowanderung in Angriff genommen wird (☞ Planung und Vorbereitung).

Unbedacht, schlecht vorbereitet und halbherzig sowie nach dem Motto "das ergibt sich schon" sollte sich niemand auf den Weg machen.

In erster Linie kommt es immer auf die eigene **Einstellung** sowie die entsprechende **Kondition** an. Ist die **Bereitschaft** vorhanden, sich auf das Abenteuer Solotrekking einzulassen, und ist die **Neugierde** auf die damit verbundenen Erfahrungen groß genug, sind dies die besten Voraussetzungen für eine erfolgreiche Solowanderung. Hierbei sind der eigene **Wille** sowie die innere **Überzeugung** entscheidend. Reichen diese nicht aus, um ein anstrengendes, aber notwendiges Training zu absolvieren oder sich dem Vorhaben entsprechend um die Planung zu kümmern, ist kurzum die nötige Motivation nicht vorhanden, bleibt man besser zu Hause.

Notfälle - Ins Gras oder auf die Zähne beißen

Durch die vorab aufgezählten Sicherheitsvorkehrungen können viele Risiken soweit wie möglich minimiert werden.

Dennoch gibt es Notfälle, bei denen sich der Solotrekker selbst nicht mehr helfen kann oder bei denen jede Hilfe ohnehin zu spät ist. Dieses Risiko geht jeder Solowanderer ein und hierüber sollte man sich völlig im klaren sein.

Verlaufen und desorientiert

Im Normalfall besteht für den erfahrenen Wanderer die Gefahr des Sich-Verlaufens kaum, solange er den Kompaß und das geeignete Kartenmaterial entsprechend handhabt. Das größte Risiko wird bereits bei der genauen **Routenplanung** im Vorfeld stark reduziert, indem man sich mit der zu absolvierenden Strecke sozusagen "auf dem Trockenen" befaßt und diese verinnerlicht. Vom "rechten Wege" abzukommen kann dann höchstens durch recht weite, unvorhergesehene Umwege oder schlechteste Wetterbedingungen, wie ein Schneesturm auf einer Wintertour, vorkommen.

Es sei nochmals klar gesagt: Eine gute Routenplanung sowie der sorgfältige Umgang mit Karte und Kompaß sind die unabdingbare Grundvoraussetzung einer jeden Wanderung in Wildnisgebieten. In diesem Zusammenhang wollen wir **ausdrücklich** vor dem unbedachten und fahrlässigen Einsatz des **elektronischen Navigationssystems GPS** im Handyformat **warnen**. Mit diesem Global Position System wird dem unerfahrenen Wanderer vorgegaukelt, sich überall leicht und problemlos fortbewegen und orientieren zu können. Doch auch die Bedienung dieses Geräts setzt den Umgang mit Karte und Kompaß voraus. Das GPS hat nach unserer Meinung ohnehin nur auf dem offenen Meer oder bei Wüstentouren Sinn. Ein echter Trekker, der etwas auf sich hält, wird sowieso ganz darauf verzichten.

Ist der Zustand der **Desorientierung** trotz aller Umsicht eingetreten, gilt es wie bei allen Notfallsituationen, zunächst **Ruhe** zu bewahren und sich zu sammeln. Nur mit einem klaren Kopf sowie einem Pulsschlag im grünen Bereich lassen sich wichtige und richtige Entscheidungen treffen.

Ist man sich über den eigenen Standort völlig im unklaren, so ist es nicht ratsam, aus dem Gefühl heraus einfach abgehetzt und hektisch einen bestimmten Weg einzuschlagen, um mit viel Glück vielleicht wieder auf den richtigen Pfad zu treffen. Wer so handelt, überläßt sich selbst dem Zufall und verschlimmert meist die eigene Lage. Besser ist es, erstmal an einem geeigneten Platz zu **rasten**, eventuell sein Zelt aufzubauen, sich gegebenenfalls zu verpflegen und zur Ruhe zu kommen.

Hiernach ist es sinnvoll, sich bei guten Sichtverhältnissen, ohne Gepäck, auf den **höchsten Punkt** im Gelände zu begeben. Dies sollte **gefahrlos** geschehen und nicht in Bergsteigerei ausarten. An diesem Punkt mit einer guten Übersicht angelangt, muß als erstes die exakte **Himmelsrichtung** ermittelt werden, um die Wanderkarte nach Norden auszurichten. Ist diese Voraussetzung erfüllt, beginnt die Suche nach **markanten Geländeerscheinungen** in der näheren Umgebung, wie Berge, Täler, Flüsse und Seen, die sich nach und nach in allen Himmelsrichtungen auf der Karte wiederfinden lassen sollten.

Mit Hilfe dieser Geländepunkte läßt sich der eigene Standort sowie der des Rast- oder Zeltplatzes genau bestimmen. Weicht dieser von der geplanten Route ab, sollte man den Weg bis zur ursprünglichen Strecke vom Aussichtspunkt aus planen und festlegen. Hierbei ist **keinerlei Eile** geboten, genügend Zeit ist überaus wichtig. Ist man sich seiner Sache wieder völlig sicher, kann zum Rast- bzw. Zeltplatz zurückgekehrt werden. Ist der Tag noch nicht allzuweit fortgeschritten, sollte die Wanderung fortgesetzt werden, da die am Aussichtspunkt gesammelten Eindrücke noch frisch und gegenwärtig sind. Ist es bereits spät geworden, ist Zelten auf jeden Fall ratsam, um am nächsten Tag ausgeruht den verlorenen Weg zu suchen und die Tour fortzusetzen.

Hitze und Sonnenstich

Viele Wanderer begeben sich im Sommer, nicht zuletzt der Sonne wegen, in südlichere Gefilde. Doch diese versprechen nicht nur bestes Urlaubswetter, sondern warten auch nur allzuoft mit großer Hitze auf. Die hiermit verbundenen Probleme sind den meisten eher geläufig als die Komplikationen, welche im Laufe einer Winterwanderung auftreten können.

Der eigene **Hauttyp** sowie die entsprechende **Sonnenverträglichkeit** ist ebenfalls bekannt, da viele hiermit schon bei anderen Urlaubsformen ihre Erfahrungen gemacht haben. Auf die wichtigsten Aspekte, die gerade der Wanderer zu beachten hat, wollen wir hier kurz eingehen.

Zunächst sollte die Bekleidung entsprechend ausgewählt werden. **Leichte, luftige Kleidungsstücke**, die die Feuchtigkeit von der Haut wegtransportieren, bieten sich an. **Kopfbedeckung** und **Sonnenbrille** sind hierbei unverzichtbare Bestandteile. Eine geeignete **Sonnencreme** sowie ein **kühlendes Gel** bei Sonnenbrand und Insektenstichen leisten ebenfalls gute Dienste.

Die ausreichende Versorgung mit **Wasser** sollte immer gewährleistet sein. Dieses ist im Sommer noch wichtiger als im Winter. Im Sommer benötigt der Körper große Mengen an Flüssigkeit, da er gerade bei Anstrengung und großer Hitze sehr viel davon verliert. Im Winter ist Wasser durch zu schmelzenden Schnee oder Eis immer vorhanden. Zusätzlich **Mineral-** und **Salztabletten** zu verwenden ist hilfreich und bringt nur sehr geringes Gewicht mit sich.

Wer es nicht gewohnt ist, sich über längere Zeit in der prallen Sonne aufzuhalten oder eine sehr helle Haut hat, sollte in den ersten Tagen der Tour darauf achten, überwiegend **lange Hosen** zu tragen und nicht kurzärmelig zu wandern. Einen Sonnenbrand hat man sich recht schnell eingehandelt. Dieser kann schmerzhaft und hinderlich beim Marschieren sein.

Sich ganz allmählich an die Sonne zu gewöhnen, schließt von vornherein durch die Hitze bedingte Unannehmlichkeiten und Probleme aus, die bis zum **Sonnenstich** führen können. Erste Anzeichen hierfür sind nicht unbedingt ein starker Sonnenbrand, sondern Kopfschmerzen sowie Übelkeit.

Treten diese Symptome auf, heißt es sofort raus aus der Sonne und Schatten suchen. Es ist jedoch nicht empfehlenswert, sich ins Zelt zu legen, da es in diesem unter großer Sonneneinstrahlung binnen kürzester Zeit unerträglich heiß wird und sich der eigene Zustand eher verschlimmert als verbessert. Empfehlenswert ist hier ein **Tarp** (Wetterplane), das zwischen Bäumen aufgespannt bei Regen und bei starker Sonne Schutz und Schatten bietet. Dieses sinnvolle Ausrüstungsstück wiegt nicht viel, kostet kaum Geld und Platz, gewährleistet aber ein schattiges Plätzchen mit zusätzlicher Frischluftzufuhr.

Gerade bei Sonnenstich ist es unbedingt geboten, sich viel Ruhe zu gönnen und ausreichend zu trinken. Salz- und Mineraltabletten stabilisieren den Kreislauf und **kühle Umschläge** sowie das Waschen des Gesichts mit einem feuchten Lappen bringen weitere Linderung.

Ein tiefer Schlaf dient dann der nötigen Erholung. Hierbei sollte man sich in der Nacht warmhalten, da der überhitzte Körper sonst zu stark auskühlt. Sind die Kopfschmerzen verflogen und hat sich der allgemeine Zustand verbessert, stellt sich auch wieder der Appetit ein. Eine

warme Mahlzeit bringt neue Kraft und trägt zur Erholung bei. Keinesfalls sollte man zuviel essen, da sonst die Übelkeit schnell wieder aufkommt. Wenn dann das Allergröbste überstanden ist, sollte je nach individueller Verfassung noch ein weiterer Ruhetag folgen. Die Wanderung besser erst dann wieder fortsetzen, wenn man sich wirklich gut fühlt.

Kälte, Erfrierungen, Schneeblindheit und Lawinen

Mit diesen Gefahren sollte sich jeder vorab auseinandersetzen, der eine anspruchsvolle **Winterwanderung** plant. Wie bereits an anderer Stelle erwähnt, nimmt die Ausrüstung hier einen sehr großen Stellenwert ein. Die **sorgfältige Auswahl** im Winter ist der beste Schutz vor Problemen, die sich im Zusammenhang mit der Kälte ergeben, sowie vor Notfällen.

Gute Unterwäsche, bestehend aus einem T-Shirt, langer Unterhose und langärmeligem Unterhemd, bilden mit warmen Socken die Basis. Darüber eine winddichte, strapazierfähige **Latzhose** sowie, je nach Kälte, eine zusätzliche **Fleecehose** gewährleisten Wärme und Bequemlichkeit. Gleiches gilt für den Pullover und die Jacke, welche wie die Hose aus einem **hochwertigen Material** (Gore-tex o.ä.) bestehen und **winddicht** sein sollte. Diese Dinge sind zwar relativ teuer, zahlen sich jedoch durch Zuverlässigkeit und Haltbarkeit über Jahre hinweg aus.

Größte Sorgfalt ist bei der Auswahl der **Schuhe** vonnöten. Diese sollten bequem und eingelaufen sein und vor allem in Verbindung mit guten Socken auch bei extremen Temperaturen noch wärmen. Hierbei sollte man keine Kompromisse im Hinblick auf die Skibindung eingehen. Mittlerweile sind für nahezu jeden Schuhtyp die entsprechenden Bindungen erhältlich. Mit etwas Geschick lassen sich diese auch selbst bauen.

Zelt und **Schlafsack** müssen **wintertauglich** sein (☞ Ausrüstung und Proviant). Des weiteren sind eine **Mütze** und gute **Handschuhe** wichtige Helfer in puncto Kälteschutz. Eine **Schnee- oder Gletscherbrille** sowie eine **Sturmmaske** dürfen auf keinen Fall fehlen.

Wer gut ausgerüstet im Winter unterwegs ist, dem wird schon aufgrund der anstrengenden Wanderaktivitäten nicht so schnell kalt werden. Anders sieht dies bei Ruhepausen oder in der Nacht im Zelt aus. Ohne Bewegung setzt sehr schnell eine **Auskühlung** ein, der man so früh wie möglich begegnen sollte.

Eine entscheidende Rolle spielen auf Wintertouren, neben den herrschenden Temperaturen, die **Windverhältnisse**. Selbst bei nicht ganz so strengem Frost kann dieser mit starker Windunterstützung die Kälte sehr deutlich spüren lassen. Die Wettergötter bezeichnen dieses natürliche Phänomen mit dem Begriff Windchill-Faktor. Dieser läßt sich in den tollsten Tabellen nachlesen und studieren. Doch so richtig warm ums Herz wird einem davon bei -20 °C und zunehmend heftigem Wind auch nicht. Grundsätzlich gilt bei gleichbleibend niedrigen Temperaturen: Je stärker einem der Wind um die Ohren bläst, desto höher ist die Zitter- und Zähneklapperfrequenz.

Erste Anzeichen von **Erfrierungen**, wie eine helle, blutleere Haut, steifgefrorene und taube Finger, Ohrenschmerzen sowie gefühllose Füße, dürfen auf **keinen Fall** ignoriert werden und verdienen größte Beachtung. Sofort durch **Bewegung** und zusätzliche **Kleidung** Abhilfe schaffen. Wer bei großer Kälte im Gesicht schmerzhaft friert, dem leistet eine Sturmmaske wertvolle Dienste.

Verstärken sich die Erfrierungserscheinungen, ist es ratsam, so schnell wie möglich das Zelt aufzubauen, um zumindest dem Wind aus dem Weg zu gehen. Hiermit sollte man auf keinen Fall so lange warten, bis man sich kaum noch rühren kann und nicht mehr in der Lage ist, sich heißen **Tee** und Essen zuzubereiten. Heißer, stark gesüßter Tee weckt schnell und effektiv die Lebensgeister.

Den Körper **keinesfalls** mit **Alkohol** auf "Temperatur" bringen. Nach dem ersten Wärmegefühl friert man um so schneller, da geistige Getränke die Blutgefäße weiten.

Taub und gefühllos gewordene Gliedmaßen müssen durch **Kneten** und kräftiges **Reiben** bearbeitet werden, um die Durchblutung wieder herzustellen. Wenn sich hierbei nach einiger Zeit starke Schmerzen einstellen, setzt die Blutzirkulation ein und das Gefühl kehrt zurück. Bei allen durch Schmerz bedingten Flüchen sollte dies als überaus positives Zeichen gewertet werden.

Sind alle Lebensgeister wieder zurückgekehrt, gilt es, sich **warm zu halten**. Die Bekleidung im Schlafsack darf nicht zu Unbeweglichkeit führen, da dies die Durchblutung hemmt und im Schlafsack kein wärmendes Luftpolster entstehen läßt. Die am nächsten Morgen zusätzlich benötigte Kleidung ist im oder unter dem Schlafsack gut aufgehoben, bleibt halbwegs warm und friert nicht steif. Vor dem Tagesstart immer an heißen Tee für unterwegs denken, der bei Pausen in Verbindung mit Schokolade oder ähnlichem schnell die benötigte Wärme und Energie liefert.

Bei starker Sonneneinstrahlung schützt eine Gletscherbrille vor **Schneeblindheit**, die schnell und beinahe unmerklich auftreten kann. Erste Signale sind eine starke **Reizung** der Augen mit **Brennen** und **Juckreiz**. Man hat das Gefühl, Sandkörner in den Augen zu haben. Kopf- und Augenschmerzen stellen sich ein, das Sehvermögen wird eingeschränkt, läßt immer mehr nach und kann schließlich zur Blindheit führen.

Doch diese bleibt nicht dauerhaft, wenn man ihr frühzeitig entgegenwirkt und sich dem Sonnenlicht entzieht. Ist die Schneeblindheit bereits stark fortgeschritten, hilft nur der sofortige Zeltaufbau und das **Verbinden** der Augen (unbedingt die Reihenfolge beachten!). Die Symptome lassen dann allmählich nach und das Sehvermögen kehrt zurück.

Auf Winterwanderungen im Gebirge besteht häufig **Lawinengefahr**. Dies gilt vor allem zu Beginn des Winters, wenn große Mengen Neuschnee gefallen sind und die Temperaturen nicht dauerhaft weit unter null Grad liegen. Gleiches läßt sich für die Zeit kurz vor der Schneeschmelze im Frühjahr sagen. Besonders dann ist die Lawinengefahr sehr groß.

Das eigene Risiko läßt sich relativ gering halten, wenn man folgendes beachtet:

✹ Bei der Routenplanung sollte das Durchqueren von engen Tälern, welche von steilen Berghängen flankiert sind, nach Möglichkeit **vermieden** werden.

✹ Bei lawinengefährdeten Gebieten ist es ratsam, Täler in der Mitte zu durchwandern und **keine Abkürzungen** an oder querend über Steilhängen zu suchen. Lieber einen Umweg in Kauf nehmen, als sich unnötig in Gefahr zu begeben. Läßt es sich nicht vermeiden, einen Hang zu queren, sollte dies in weitem Bogen geschehen. Hierbei darauf achten, daß sich der Rucksack im Falle eines Falles schnellstmöglich abwerfen läßt, um sodann mit Schwimmbewegungen bessere Chancen zu haben, von den Schneemassen nicht völlig begraben zu werden oder sich aus diesen zu befreien.

✹ Bei starken **Temperaturschwankungen** und Wind ist es sinnvoll abzuwarten, bis das Thermometer fällt und sich der Wind gelegt hat.

✹ Auf gar keinen Fall sollte ein **Zeltplatz** in einem lawinenverdächtigen Tal gewählt werden.

Beinbruch und ähnlich schwere Notfälle

Zu den schlimmsten Unfällen, die einem Solotrekker unterwegs passieren können, gehören neben schweren **Kopfverletzungen** bei Sturz oder Steinschlag der **Bruch** von Gliedmaßen. Der oder die Trekker/in, welche/r sich unterwegs umsichtig verhält und auf gewagte Einzelaktionen verzichtet, dürfte vor diesen schwerwiegenden Mißgeschicken in der Regel verschont bleiben.

Einen Eisbeutel habe ich doch glatt vergessen!

Mit einem gebrochenen Arm oder gebrochener Hand läßt sich zur Not noch die am nächsten gelegene Siedlung erreichen. Bei Fuß- oder Beinbruch ist dies kaum noch möglich. Wie im Kapitel "Sicherheitsvorkehrungen" bereits erwähnt, ist das **Hinterlassen** einer **detaillierten**

Routenbeschreibung mit Terminangabe, gerade im Hinblick auf schwere Unfälle, zwingend notwendig. Hierdurch ist gewährleistet, im Unglücksfall mit stark eingeschränkter Bewegungsfähigkeit die Zeit, bis Hilfe eintrifft, im Zelt zu verbringen.

Diese Zeit überhaupt im Zelt abwarten zu können, ist natürlich abhängig von der Schwere der Verletzung oder Erkrankung. Dieses liest sich in der Theorie so leicht, ist aber mit größten Schwierigkeiten und oft starken Schmerzen verbunden. Schon allein der Zeltaufbau wird zur Qual, geschweige denn das eigenhändige Richten des gebrochenen Knochens und das Schienen mit Ersatzzeltstangen und Klebeband.

Wer viel Glück hat, befindet sich in der Nähe von Wasser und ist vielleicht auch noch in der Lage, sich selbst notdürftig zu versorgen. Die verbliebene Verpflegung sollte weitestgehend **rationiert** werden, da Hilfe unter Umständen lange auf sich warten läßt. Das Notzeltlager ist im **offenen Gelände** von der Luft aus am besten sichtbar. Dies kann durch ausgebreitete Kleidung und Gegenstände noch verstärkt werden.

- **Erste Hilfe** - *Basiswissen für Draußen* (Band 39) von Martin Schepers, Conrad Stein Verlag, Kronshagen. ISBN 3-89392-139-7, DM 12,80.
- **Gesund unterwegs** - *Basiswissen für Draußen* (Band 36) von Dr. Karl Lang, Conrad Stein Verlag, Kronshagen. ISBN 3-89392-136-2, DM 12,80.

Kleinigkeiten

Bei auftretenden kleineren gesundheitlichen Problemen hilft eine gut zusammengestellte **Reiseapotheke**. Medikamente gegen **Kopf- und Zahnschmerzen**, **Fieber** und **Durchfall** sowie gegen **Übelkeit** sollten sich hierin befinden.

Bei **Erkältungssymptomen** nicht gleich zur chemischen Keule greifen, sondern besser unterwegs und vor allem abends sehr viel trinken. Heißer Tee hilft schon bei den meisten Beschwerden und Ruhe sowie die frische Luft tun ihr übriges.

Sollten wider Erwarten trotz eines langen, kraftraubenden Wandertages **Schlafstörungen** auftreten, macht es nicht viel Sinn, sich endlos im Schlaf hin- und herzuwälzen und ins Grübeln zu geraten. Besser ist es, noch etwas zu lesen oder das Tagebuch zu vervollständigen, bis man schließlich von selbst müde wird und einschläft.

Psychologie - Sein oder Nichtsein

An erster Stelle steht das **Interesse** an einem bestimmten **Reiseziel**. In der Regel wird dieses durch das Lesen eines Buches, eines Artikels in der Zeitung oder einer Zeitschrift, einem Filmbericht, aber auch durch Dias von Freunden oder Bekannten geweckt. Es gibt Länder, die man schon immer mal bereisen wollte, und oft genügt schon ein einzelnes, grandioses Bild einer Landschaft, welches sich im Kopf festsetzt und immer wieder die Phantasie anregt.

Dieses ist vielleicht der Auslöser, der einen dann dazu treibt, sich mit dem zunächst noch vagen Reiseziel näher zu beschäftigen. Im Nu sind weiterführende **Informationen** beschafft, aus dem Gedanken entsteht eine Idee. Diese entwickelt sich weiter, wenn deutlich wird, daß sich das Vorgenommene tatsächlich realisieren läßt.

Für uns, die wir bereits viele Wanderungen erdacht und geplant haben, ist dieser "**Augenblick der Erkenntnis**" immer ein begeisternder Moment. Ruckzuck baut sich die Planung auf und schon befaßt man sich mit den Details, an deren Ende schließlich die jeweilige Tour steht. Die wachsende **Begeisterung** ist eine enorme Triebfeder für Planung sowie Vorbereitung und läßt schon diese Zeit zu etwas Besonderem werden.

Die Zahl derer, die sich bewußt und mit Begeisterung solo auf Tour begeben und hierbei eventuell auch noch eine nahezu menschenleere Region wählen, wird immer größer. Wie bereits an anderer Stelle erwähnt, steigt die Zahl der Singles rapide und ständig.

Bei uns in Mitteleuropa herrscht eine große **Bevölkerungsdichte**. Unser Leben, vor allem in den Städten, ist von pausenloser Betriebsamkeit, Terminen und Hektik geprägt. Schon allein der Begriff "Freizeitstreß" sagt hierüber viel aus. In den meisten Ländern hat sich die sogenannte Zivilisation in eine Richtung entwickelt, daß man die dort lebenden Gesellschaften schon beinahe als **unzivilisiert** bezeichnen kann. Es gibt eine Reihe von Auswüchsen, wie z.B die Übermotorisierung, den Stellenwert des Fernsehens, den Umgang mit der noch verbliebenen Natur oder aber auch das Verhalten der Menschen untereinander.

Viele wollen sich dem, zumindest für einige Zeit, entziehen und flüchten aus diesem Ameisenhaufen, um auch ihren Urlaub das eine oder andere Mal in einsamen Regionen zu verbringen. Eine Solowanderung, ganz auf sich allein gestellt, ist hiervon wohl die größtmögliche Steigerung.

Allein sein! Für viele Menschen ist das mal Mit-sich-allein-Sein ein eher **negativer** Zustand, der eine oder andere hat sogar Probleme damit und kann einfach nicht allein sein. Sich allein einige Tage oder vielleicht Wochen in einer einsamen Landschaft wandernd aufzuhalten, ist für viele unvorstellbar und eher ein Not- als ein Glücksfall.

Für die meisten Menschen ist es **ungewohnt** und etwas ganz Besonderes, eine längere Zeit mit sich selbst auskommen zu müssen und **kommunikativ untätig** zu sein. Wir alle haben es tagtäglich im Beruf und in der Freizeit mehr oder weniger mit unzähligen Menschen zu tun.

Dieser Zustand ändert sich nun abrupt von einem Tag auf den anderen. Die Tour beginnt und man ist allein. Von diesem Moment an steigert sich in jedem von uns die **Sensibilität der Wahrnehmung** von allem, was man sieht, hört, riecht und fühlt. Eine große **Neugierde** macht sich breit. Die gewohnte Geräuschkulisse reduziert sich im Gegensatz zum Alltag, in dem man an einen gewissen Dauergeräuschpegel gewöhnt ist, auf ein Minimum. Die Augen werden nicht mehr von der üblichen Betriebsamkeit sowie dem unnatürlichen Licht, wie Leuchtreklame, Fahrzeugscheinwerfern und dem weit verbreiteten Neonlicht in unseren Büros, dem die meisten der dort Beschäftigten sogar tagsüber ausgesetzt sind, überflutet.

Jetzt, in der Natur, sind wieder andere Dinge wichtig, die wir nun viel sensibler wahrnehmen als vorher. In gewisser Weise stellt sich für viele nach einiger Zeit erstmal ein **Wahrnehmungsloch** ein. Unbewußt sucht man die umliegende Landschaft nach Bewegungen ab, spitzt die Ohren und versucht hierbei etwas zu entdecken, Tiere zu finden. Jedes auch noch so kleine Geräusch wird wahrgenommen, und erkennt man dann endlich ein Tier, und sei es auch nur ein Vogel, so steigt in einem Freude auf.

Eine **neue Kulisse** entsteht und ersetzt die bisher gewohnte. Die Wahrnehmung stellt sich um und wird, bei Null beginnend, mit neuen Eindrücken aufgefüllt. Begegnungen mit neuen Geräuschen und Tieren sind nicht mehr nur eine bloße Beobachtung wie im Fernsehen oder im Zoo. Sie sind eine Erfahrung. Dies liegt daran, daß man sich als Einzelperson in der Natur neu definiert, sich neu einsortiert und diese erstmals wieder betritt, wenn man am Anfang als Fremdkörper ist. Doch dieses Gefühl schwindet, je länger man sich in ihr aufhält und letztendlich wieder ein Teil von ihr wird.

Dieser Prozeß ist die **erste positive Erfahrung** einer Wanderung und zählt zu den wichtigsten überhaupt. Erstaunlich, aber auch bedenklich zugleich ist hierbei der Umstand, seine gewohnte Welt zu verlassen, um eine anscheinend völlig neue, bisher unbekannte, erstmalig zu betreten.

Im Vergleich zu unserer Menschheitsgeschichte ist es erst sehr kurze Zeit her, als das Sich-in-der-Natur-Aufhalten Alltag war. Für die

Menschen dieser Zeit gab es nur diese eine Welt. Heute wird so oft von der Umwelt gesprochen, wobei damit deren natürlicher Bestandteil, welcher die Grundlage für alle anderen Welten darstellt, meist nicht gemeint ist. Vielmehr stehen heute eher **unnatürliche Welten**, wie beispielsweise die Wohn-, Büro- und Autowelt oder gar die neueste, die virtuelle Computerwelt im Vordergrund, in denen sich der einzelne seelisch oft verliert. In der Natur jedoch findet er wieder zu sich selbst. Erst recht bei einer Solowanderung.

Am Zielort angelangt, geht das Abenteuer Solotrekking erst richtig los. Jetzt ist es endlich soweit. Man ist allein mit sich und der neuen Welt. Das erste Gefühl der **Unsicherheit** läßt sich nicht mit einem Reisepartner teilen und somit auch nicht durch Gespräche abbauen. Jetzt ist es sinnvoll, sich gleich mit dem neuen "Alltag" und seinen Abläufen zu beschäftigen.

Wer den Ausgangspunkt seiner Wanderung erreicht, wird in der Regel nicht sofort am gleichen Tag starten, sondern zunächst zelten. Der Zeltaufbau, zu kochen usw., sich also erstmals einzurichten, ist hierfür genau das richtige. Diese Verrichtungen lenken ab und stimmen gleichzeitig auf den Beginn der Wanderung ein.

Die erste Nacht im Zelt oder der Hütte ist oft eine sehr unruhige. Tausend Dinge kommen einem in den Sinn. War die Vorbereitung ausreichend? Habe ich bei der Ausrüstung an alles gedacht? Was werde ich alles erleben und bin ich der Herausforderung Solotrekking gewachsen? Man läßt die lange Zeit der Vorbereitung Revue passieren und ist voller positiver Spannung.

Beim Aufbruch am nächsten Morgen setzt sich diese mit den ersten Schritten fort. Gutes **Wetter** beim Tourstart ist natürlich immer eine feine Sache. Doch auch wenn es aus Eimern gießt, ist das nicht gleich der Anfang vom Ende. Die Binsenweisheit, daß nach Regen auch wieder Sonne folgt, trifft gerade beim Wandern zu. Doch jetzt sollte man sich über das Wetter nicht allzu viele Gedanken machen. Es kommt, wie es kommt. Vielmehr sollte auch aus negativen Dingen immer versucht werden, einen **positiven Aspekt** zu ziehen. Beim Start im Regen ist dieser z.B. der Umstand, schon jetzt seine Ausrüstung auf die tatsächliche Wettertauglichkeit hin nochmals zu prüfen.

Gerade am ersten Wandertag ist das **Beobachten** der Landschaft und der Abläufe sehr wichtig und viel besser, als sich mit sich selbst zu beschäftigen. Es gilt, viel Neues zu entdecken. Ein großartiges Erlebnis mit vielen Eindrücken steht bevor, die oft unvergeßlich sind und die einem niemand mehr nehmen kann. Diese Erlebnisse sind einmalig und lassen sich meist nicht oder nur sehr selten wiederholen. Nur der Augenblick zählt.

Ist das erste Tagesziel erreicht und ein schöner **Zeltplatz** gefunden, hat man bereits eine entscheidende Hürde genommen. Die ersten Schwierigkeiten sind gemeistert, es stellt sich Muskelkater ein und mit sich und der Welt zufrieden kriecht man in den gemütlichen Schlafsack. Schon an diesem Tag sind viele Eindrücke gewonnen, denen noch viele folgen werden. Die Verpflegung schmeckt jetzt mit dem nötigen Hunger noch um ein vielfaches besser als beim Probemahl zu Hause. Schnell füllen sich die ersten Tagebuchseiten, der Anfang ist gemacht.

Dem **Tagebuch** kommt unterwegs, neben dem Erinnerungswert, noch eine weitere wichtige Bedeutung zu. Es ersetzt gerade dem Solo-wanderer den jetzt fehlenden **Ansprechpartner**. Nicht nur positive Dinge können hier festgehalten werden, sondern es lassen sich auch Probleme von der Seele schreiben, deren Lösung dann oft nicht mehr ganz so schwierig erscheint.

Im Zusammenhang mit dem eigenen Zutrauen bei der Bewältigung einer Solotour ist folgender Gedanke interessant: Bei der täglichen Vervollständigung des Tagebuches können, neben dem Erlebtem, die Empfindungen, Reaktionen und Veränderungen, die man an sich selbst festgestellt hat, mit einfließen. Mit diesem Sich-selbst-Beobachten schafft man ganz allmählich eine Distanz zur eigenen Person und gewinnt so einen besseren Zugang zur Selbsteinschätzung und Kritik. So manche **Schwierigkeit relativiert** sich dann, wenn man im Augenblick des Schreibens seine Gedanken und Empfindungen ordnet und sammelt. Die Dinge werden klarer.

Nach der Wanderung lassen sich anhand des Tagebuches nicht nur die Erlebnisse und Landschaftsbeschreibungen nachvollziehen, sondern auch die jeweiligen Gedanken in bestimmten Situationen. Das persönliche Abenteuer Solotrekking wird somit **authentischer**.

Für ruhige **Mußestunden** im Zelt, die auch schon mal einsam sein können, helfen ein gutes **Taschenbuch** sowie eine Handvoll **Bilder** von nahestehenden Menschen, aber auch ein **Talisman**. Hierdurch wird in diesen Stunden die empfundene **Isolation** etwas aufgelöst, man wird abgelenkt und kommt auf andere Gedanken. Doch wer nach einem langen Wandertag sein Zelt aufgebaut hat, verbringt den größten Teil der Zeit bis zum Einschlafen mit Kochen, Tagebuchschreiben sowie dem Studieren der Wanderkarte für den nächsten Tag. Platz für Langeweile bleibt eigentlich kaum. Jeder folgende Wandertag hält immer wieder neue Überraschungen und Eindrücke bereit.

Oft ist zu lesen, daß es auf unserer bis zum letzten Kilometer ver-messenen Erde heute nichts mehr zu entdecken gäbe und alle Gebiete längst erforscht seien, also nichts Neues mehr zu erleben sei.

Für den nüchternen Kartographen oder Völkerkundler mag dies so sein, doch für den Wanderer, der ein Land erstmalig bereist, ist jede Tour in einem für ihn neuen Gebiet gleichzeitig auch immer eine **Entdeckungsreise**. Für den Solotrekker trifft dies noch um so mehr zu, da er sich dem Unbekannten als Einzelperson nähert. Das auf einer Wanderung Erlebte, das Durchstreifen neuer Landschaften, die Sichtung von Tieren und anderen Naturphänomenen sowie die Konfrontation mit allen möglichen Wetterbedingungen sind für ihn Bestandteile eines einzigartigen **Abenteuers**, welches er ganz allein besteht. Auf einer Solowildnistour kommt er diesen Elementen so nah wie nie zuvor. Es gibt keine Barrieren und Hemmnisse. Alles ist unmittelbar greifbar. Vieles erhält eine **neue Dimension** und einen anderen **Stellenwert**.

Lebensnotwendige Dinge wie körperliches und geistiges **Wohlbefinden**, die schützende, warme **Unterkunft** sowie **Wasser** und **Nahrung** sind **keine** alltäglichen **Selbstverständlichkeiten**. Es sind Dinge, die immer wieder neu errungen und hergestellt werden müssen. Ein bestimmtes Lebensmittel aus der Rucksackverpflegung entwickelt sich im Laufe einer längeren Wanderung zu einem Leckerbissen und wird so zu etwas Besonderem. Man lernt es viel höher zu schätzen als in gewohnter Umgebung.

Das gleiche gilt für die **Schönheiten** in der noch unberührten **Natur**. Nach Hause zurückgekehrt, sieht man einiges mit anderen Augen, wie z.B. Bäume, Bäche oder Tiere in unseren Breiten. Dieses sich während einer Tour entwickelnde neue Denken kann mit zurück in den Alltag genommen und dort fortgesetzt werden. Ein Geschenk, welches kostbarer ist als jedes noch so teuer erstandene Souvenir.

Nicht nur aus diesem Gesichtspunkt heraus ist eine Solowanderung für jeden, der an dem Outdoordasein in der Natur Gefallen findet, ein überaus wertvoller Teil des Lebens. Jeder, der es bisher noch nicht kennengelernt hat, sollte sich auf das Abenteuer Solotrekking einlassen.

Ein bißchen Wissenschaft

An dieser Stelle wollen wir einen kleinen Exkurs wagen und das Thema **"Psychologie"** aus wissenschaftlicher Sicht betrachten. Es sei jedoch noch bemerkt, daß die von uns dargelegte Sichtweise auf keinen Fall einen Anspruch auf Alleingültigkeit erhebt und gleichfalls nur einen winzigen Ausschnitt der verschiedenen Betrachtungsweisen des Themas "Individualität und Persönlichkeit des Menschen" darstellt. Unterschiedliche Psychologiekapazitäten wie deren Theorien finden sich in großer Menge. Wir wollen an dieser Stelle jedoch nicht allzu theoretisch werden und beschränken uns aufgrund dessen auf das unserer Meinung absolut **Notwendigste**. Der Leser soll somit nur kurz angeregt werden, den Ansatz einer Solotrekkingtour aus diesem Blickwinkel zu betrachten.

Das Hauptmerkmal eines jeden Menschen ist dessen **Individualität**, die in der biologischen Erbmasse begründet ist.

Aus diesem genetischen Rohmaterial entwickelt sich im Laufe eines langen Lebens (vor allem während der ersten 20 Jahre, in denen jeder Mensch am meisten lernt) die individuelle **Persönlichkeit** eines jeden, die durch den **Körperbau**, das **Temperament** und die **Intelligenz** maßgeblich bestimmt wird. Wie sich jedoch die Persönlichkeit eines Babys entwickelt, hängt in sehr starkem Maße davon ab, welche Einflüsse die Menschen und das Umfeld ausüben. Jeder Mensch wird also im Laufe seines Lebens von seiner **Umgebung** beeinflußt und somit geprägt.

In früheren Zeiten waren bestimmte Normen gesellschaftlich von essentieller Bedeutung und nahezu jeder war gezwungen, sich ihnen anzupassen. Wer dies nicht tat, war entweder ein gesellschaftlicher Außenseiter (vor einigen Jahrhunderten konnte dies gar zur Hexenverbrennung führen) oder ein geouteter Sonderling. In diesem Jahrhundert hat die Gesellschaft eine tiefschürfende Veränderung aller Maßstäbe erfahren, in der immer mehr das einzelne Individuum gefördert wird und somit in der Lage ist, seine eigene Persönlichkeit zu erforschen, zu erfahren und damit auszuleben. Es ist heutzutage in der Lage (nicht zuletzt durch die allgemeine Zugänglichkeit der höheren Bildungsinstitutionen), sein gesamtes Potential auszuschöpfen und sich nach persönlichen Wünschen zu entwickeln. Die Gestaltung seines Lebens, ganz egal wie es aussehen mag, liegt somit in den eigenen Händen, in beruflicher wie in privater Hinsicht bzw. der Art und Weise, wie man seine Freizeit und seinen Urlaub verbringt. Daß auf einer Solotrekkingtour das eigene Ego auf die individuell bestmöglichste Art und Weise befriedigt werden kann, liegt klar auf der Hand.

Begegnungen

Viele werden sich zunächst einmal fragen, "ein Extrakapitel für Begegnungen, was soll denn das? Man sieht, was man sieht! Und ab und zu trifft man vielleicht auch noch jemanden, fertig. Das ist doch nichts Besonderes, oder?"

Wir sind jedoch der Meinung, daß gerade bei einer Solotrekkingtour den möglichen Begegnungen eine besondere Bedeutung zukommt. Sie können unter Umständen das Salz in der Suppe sein. Das Treffen auf größere Tiere, wie Rentier, Elch, Vielfraß, Wolf, Bär oder die ebenso seltenen wie scheuen Raubkatzen, das Beobachten eines Naturschauspiels sowie das Kennenlernen anderer Wanderer sind **Höhepunkte** einer jeden Tour und bleiben ein Leben lang unvergeßlich.

Tierbegegnungen

Für den Solowanderer haben diese Highlights noch eine andere, größere Dimension. Er begegnet beispielsweise dem Elch nicht innerhalb einer **Gruppe** von Menschen, sondern steht diesem allein gegenüber.

Die Gruppe nimmt den Elch hingegen als Einzeltier wahr. Da Elche oder auch andere Wildtiere den Menschen sehr früh registrieren, werden sie ihm in der Regel aus dem Weg gehen. Dies gilt um so mehr für eine Wandergruppe. Diese wird ihm kaum überraschend und aus nächster Nähe begegnen, so daß er für das einzelne Gruppenmitglied kaum eine Gefahr darstellt. Die Gruppe fühlt sich dem Elch gegenüber sicher und überlegen. Sie sieht ihn mit anderen Augen als der **Einzelwanderer**.

Dieser kommt dem Wildtier nicht nur räumlich näher. Er begegnet ihm, auch auf Entfernung, von Angesicht zu Angesicht, 1:1. Unwillkürlich empfindet sich der Mensch als **Eindringling** und erkennt, daß er sich in dem Lebensraum anderer Geschöpfe aufhält. Hierbei muß es sich gar nicht um ein gefährliches Aufeinandertreffen handeln. Eine überraschende Begegnung mit einem großen Elch, Rentier oder sogar Bären ist für beide Seiten etwas Aufregendes. Bei beiden gibt es die **Schrecksekunde**, in der das Herz in die Hose rutscht, und im Anschluß wahrscheinlich die **Flucht** des Tieres, des Menschen oder sogar von beiden gleichzeitig. Die sich hierauf breitmachende Erleichterung empfinden ebenfalls beide, wobei diese bei dem Solotrekker, der einem ausgewachsenen Elchbullen in die Augen gesehen hat, wohl noch größer ausfällt, wenn sich dieser langsam von dannen macht.

Es müssen aber nicht unbedingt diese großen Tiere sein, die eine Begegnung zu etwas Besonderem werden lassen. Gerade im Winter, wenn viele Tiere Richtung Süden gezogen sind oder ihren Winterschlaf halten, ist jedes Tier, das man zu Gesicht bekommt, sehr interessant und oft eine außergewöhnliche Abwechslung, wenn auch nicht so spektakulär. Auf einer langen, einsamen Winterwanderung ist Dirk urplötzlich ein kleiner **Lemming** über die Skispitzen gelaufen, der offensichtlich aus seinem Winterschlaf erwacht war. Der kleine Kerl schien ganz die Orientierung verloren zu haben und lief hektisch kreuz und quer über den Schnee. Er hatte anscheinend seinen Höhleneingang im weißen Einerlei aus den Augen verloren. Gerade diese "Kleinigkeiten" gehen einem noch lange Zeit durch den Kopf und sind immer wieder eine schöne Erinnerung.

Gefahren im Zusammenhang mit Tierbegegnungen

Eine Begegnung mit **Raubtieren** ist im überwiegenden Teil unserer Erde wohl eher die Ausnahme, da diese leider durch den Menschen schon völlig ausgerottet worden sind oder deren Population so gering ist, daß die Wahrscheinlichkeit einer Begegnung schon fast mit einem großen Lottogewinn zu vergleichen ist.

Wildtiere sind von Natur aus eher scheu, als daß sie sich in freier Wildbahn bewußt in die Nähe des Menschen begeben, selbst wenn dieser allein unterwegs ist. Eine Sonderstellung nehmen hier die **Wildnisregionen** der **nördlichen Hemisphäre** sowie die letzten **Dschungelgebiete** unseres Heimatplaneten ein. Diese sind das ursprüngliche Reich der letzten Raubtiere, auch wenn die sogenannte Zivilisation diese Gebiete immer weiter für sich beansprucht.

Bei einer Solowanderung in einem Gebiet, welches unter anderen Wildtieren auch solche beheimatet, die man zu den für den Menschen unter Umständen gefährlichen zählt, wie zum Beispiel **Bären** oder **Wölfe** in Kanada, kann es bei einer unverhofften Begegnung zu ernsthaften Schwierigkeiten kommen.

Gerade in den nordamerikanischen Gebieten, Alaska, Kanada oder auch in Sibirien ist mit einem Aufeinandertreffen von Bären oder sogar Wölfen und Vielfraßen mit dem einsamen Wanderer immer zu rechnen.

Selbst in Skandinavien, beispielsweise in Nord- und Mittelschweden, gibt es eine beachtliche Bärenpopulation. Auch der als aggressiv geltende Vielfraß ist in Nordskandinavien beheimatet. Jedoch ist die Begegnung mit diesen beiden wilden Tierarten dort sehr selten. Diese Gefahren sollten dennoch niemals außer acht gelassen werden.

Verhaltensregeln für den Fall, daß einem doch einmal eines dieser prachtvollen Tiere über den Weg läuft, gibt es sicherlich eine ganze

Reihe. Auf diese kann und sollte man sich jedoch nicht immer verlassen. Es kommt auf den Einzelfall an. Die wesentlichsten, im Zusammenhang mit Bärenbegegnungen geltenden Verhaltensregeln sind auch auf die anderen, bereits genannten Wildtiere anwendbar, so daß wir uns auf diese beschränken wollen.

Die größten Erfahrungen liegen hier wohl im Zusammenhang mit Bären vor. In Kanada und Alaska, wo diese am häufigsten vorkommen, werden von den jeweiligen Forstbehörden vorbildliche Broschüren sowie anschauliche Videos herausgegeben, die recht informativ und hilfreich sind. Ob sie den Bären ebenfalls bekannt sind, wissen wir nicht.

Ganz allgemein gilt bei Begegnungen mit Bären, sich **nicht** hastig und überstürzt auf die Socken zu machen, um das Weite zu suchen. Dies könnte den Bären zur **Verfolgung** animieren, bei der er eindeutig die besseren Karten hat. Sich halbwegs ruhig zu verhalten und sich langsam und geordnet zurückzuziehen, hat sich bisher besser bewährt.

Schutz auf einem Baum zu suchen funktioniert, wenn überhaupt, nur bei Braunbären. Die kleineren **Schwarzbären** sind hingegen begeisterte **Kletterer**, vor allem, wenn sie im Baum ein schmackhaftes, frisches Ziel vor Augen haben. Den Bären unbedingt im Auge behalten, ihm aber nicht in die Augen sehen und sich hierbei auf einen Fels, Baumstamm oder ähnliches stellen, um möglichst groß und furchtlos zu erscheinen. Hierbei den Bären mit ruhiger Stimme anrufen und zusätzlich die Arme heben.

Geht ein Bär dennoch zum **Angriff** über, wird von Leuten, die diesem Ereignis schon einmal ausgesetzt waren, empfohlen, sich auf dem Boden liegend so klein wie möglich zu machen. Dieses **Sich-Totstellen** soll dem Bären das Interesse nehmen. So wird zumindest von den Überlebenden berichtet, denn wer hier Pech hat, landet am falschen Ende der Nahrungskette.

Als besonders aggressiv werden **Bärenweibchen** beschrieben, welche Junge haben. Diesen sollte man sich **keinesfalls** nähern, um die putzigen Kleinen zu beobachten oder zu fotografieren. Bei einem unverhofften Treffen nicht zwischen der Mutter und dem Nachwuchs aufhalten. Aber diese Begegnungen sind beim Einkauf im Supermarkt ja ähnlich.

Besondere Beachtung verdienen die **Eisbären** in der Arktis. Es ist schon häufig vorgekommen, daß Wanderer auf Spitzbergen schwer verletzt oder gar getötet worden sind. Dort bestehen diesbezüglich besondere Vorschriften, über die sich derjenige, der hier eine Wanderung plant, eingehend informieren sollte.

Hoffentlich ist der nächste Grizzly ein bißchen freundlicher!

Abschließend läßt sich sagen, daß die Gefahren, welche sich aus Tierbegegnungen ergeben können, nicht außer acht gelassen werden sollten. Doch diese manchmal "unheimlichen Begegnungen der wilden Art" sind, wie bereits erwähnt, recht selten.

Ein in diesem Zusammenhang bedeutender Aspekt sind durch Nahrungsmittel **angelockte** Wildtiere. Schon bei der Tourenvorbereitung ist es, vor allem was die Verpflegung angeht, sinnvoll, auch deren **Wirkung** auf Wildtiere zu bedenken. Die Einfuhr von Frischfleisch ist in den meisten Ländern ohnehin verboten und Jagd auf freilebende Tiere verbietet sich von selbst. Die benötigten Nahrungsmittel sollten möglichst auf Trockennahrung basieren, die sich unterwegs mit Wasser zubereiten läßt.

Nicht nur aus Haltbarkeitsgründen ist die Verpackung in festen **Kunststoffbehältern** oder **Beuteln** ratsam, sondern auch, um keine

Bären mit ihrem äußerst stark entwickelten Geruchssinn anzulocken. Sind sie entleert, lassen sie sich bequem zusammenfalten und nehmen im Rucksack unwesentlichen Raum ein. Das Gewicht liegt nahezu bei Null. Es gibt also nicht den geringsten Grund, diese "Abfälle" einfach gedankenlos in der Natur zurückzulassen. Daß diese **Grundregel** bei vielen Wanderern immer noch keine Selbstverständlichkeit ist, haben wir sogar in den entlegensten Winkeln leider nur allzuoft feststellen müssen.

Auch **Verpackung**, in der sich Nahrungsmittel befunden hat, kann Tiere anlocken. Dies kann nicht nur für den Wanderer gefährlich sein, sondern vor allem für die Wildtiere, welche sich an einer leeren Konservendose verletzen oder an einer unverdaulichen Plastikfolie jämmerlich zugrunde gehen können. Das Verbrennen von Abfällen ist ebenso sinnlos wie unnötig. Diese sollten vollständig wieder aus der Naturlandschaft zurückgebracht werden. Niemand erfreut sich an einer Landschaft, in der man immer wieder auf Müll trifft, also sollte jeder bestrebt sein, eine Region so zu verlassen, wie er sie auch anzutreffen wünscht.

Ist ein recht guter Zeltplatz gefunden, sollte die komplette Verpflegung an einem Seil in einem hohen Baum aufbewahrt werden, der sich in einiger Entfernung vom Zelt befindet.

Begegnungen mit Menschen

Die andere Spezies, welche den meisten Solowanderern wahrscheinlich noch am häufigsten begegnet, ist der Mensch. Gegenden, in denen man wochenlang gar kein menschliches Wesen trifft, sind heute recht selten. Sogar auf unseren Wintertouren durch den menschenleeren Nationalpark Sarek in Nordschweden sind uns vereinzelt Wanderer begegnet. Dabei kommt es nicht immer zu einer Konversation, denn wenn jemand am gegenüberliegenden Berghang entlangkraxelt, sieht man sich zwar gegenseitig, es kommt vielleicht sogar zu einem Winken, man verliert sich aber bald wieder aus den Augen. Derjenige, der völlig für sich allein sein will, wird die menschliche Gesellschaft nicht suchen und einem anderen Wanderer oder sogar einer schon von weitem zu hörenden Gruppe aus dem Weg gehen. Ist man jedoch schon über längere Zeit keinem Menschen begegnet, dürfte dieses Verhalten wohl eher die Ausnahme sein.

Zu einem **direkten Treffen** kommt es meistens, wenn sich die Wege kreuzen, man zu einem guten Zeltplatz kommt, an dem schon jemand sein Nachtlager aufgeschlagen hat, oder in einer Schutzhütte.

Wir haben uns auf allen unseren Touren gerne mit anderen Wanderern ausgetauscht. Bei diesen Gelegenheiten wird spürbar, wieviel sich innerlich an Erlebtem aufgestaut hat und nun unbedingt jemand anderem als nur dem Tagebuch mitgeteilt werden muß. Es findet ein **Erfahrungs- und Erlebnisaustausch** statt.

Ganz nebenbei erhält man eventuell zusätzliche **Informationen** über die noch zurückzulegende Strecke und kann anderen mit seinen eigenen Hinweisen weiterhelfen. Dabei handelt es sich oft um Dinge, die den eigenen Tourenverlauf entscheidend beeinflussen können. Informationen über Brücken, die durch Schmelzwasser weggerissen wurden, eingestürzte Hütten und ähnliches können einige böse Überraschungen ersparen.

Besonders interessant sind Begegnungen mit **Einheimischen**, die sich in einer Wildnisregion ebenfalls wandernd oder jagend aufhalten. Am Abend, zusammen in einer Hütte, ergeben sich hier oft stundenlange Gespräche. Man sitzt bei Essen und Trinken zusammen, teilt zumindest für einige Zeit die gleichen Lebensumstände, das Dach über dem Kopf, und tauscht neben den gemachten Erfahrungen Verpflegung untereinander aus.

Uns ist es immer wieder so gegangen, daß wir gerade von diesen Menschen sehr viel mehr über eine Landschaft mit ihrer Natur oder eine Region mit ihrer Geschichte erfahren haben, als dies jeder Reiseführer vermitteln könnte. Diese Dinge runden das Bild einer Umgebung, welches man sich unterwegs gemacht hat, erst so richtig ab. Aus so manch einer Begegnung können Freundschaften entstehen, die zumindest auf dem Postweg lange Bestand haben.

Leider gibt es aber auch Begegnungen, auf die ein jeder lieber **verzichten** würde. Die Gefahr **überfallen**, **ausgeraubt** oder sogar **getötet** zu werden, besteht natürlich auch auf einer Wanderung. Daß diese für den Solotrekker oder die Solotrekkerin höher ausfällt als für den Gruppenreisenden, liegt auf der Hand.

Diese Gefahr ist aber auch abhängig von den **Ländern** und der **Region**, in die der einzelne reisen möchte. Grundsätzlich läßt sich hier sagen, daß diese analog zur Bevölkerungsdichte ansteigt. Die Wahrscheinlichkeit, hier in Deutschland überfallen zu werden, ist wohl um ein vielfaches höher, als dies beispielsweise in Island der Fall ist. Schon dieser Vergleich macht deutlich, dieses Risiko nicht allzu hoch zu bewerten.

Läßt man Kriegs- und Krisengebiete sowie Länder mit großen wirtschaftlichen und sozialen Schwierigkeiten außen vor, sind Solotouren nicht gefährlicher als in unserem Land. Das Gegenteil ist wohl eher anzunehmen, so daß sich niemand wirklich ernsthaft nur wegen dieses Risikos von der Planung einer Solowanderung abhalten lassen sollte.

Auf die einzelnen Möglichkeiten, sich im Falle eines (Über)falles selbst zu verteidigen, möchten wir nicht näher eingehen. Hierzu gibt es ausreichende Literatur. Je nach Zielgebiet, aber leider auch für den Alltag, kann die Teilnahme an **Selbstverteidigungskursen** sinnvoll sein. Auf unseren gemeinsamen Reisen und Solotrips sind wir von diesen üblen Erfahrungen bislang glücklicherweise verschont geblieben. Auch aus unserem Freundes- und Bekanntenkreis ist kein einziger Fall bekannt, bei dem jemand im Laufe einer Wanderung überfallen worden ist.

Begegnungen mit den Wundern der Natur

Neben den Begegnungen mit Mensch und Tier gibt es häufige Erscheinungen, die erstaunen, begeistern, aber vielleicht auch ängstigen oder zumindest verwundern, die "Wunder der Natur".

Jeder, der dies nicht ohnehin schon im Rahmen des Trainings getan hat, sollte unterwegs wenigstens einmal **nachts** bei klarem **Sternenhimmel** wandern. Der nicht von Wolken versperrte Blick in das schier unendliche Universum ist gerade auf Wildniswanderungen ein unvergeßliches Erlebnis. Ein fahl leuchtender, unheimliche Schatten werfender **Vollmond** rundet dieses noch ab.

Wer zudem noch im Winter im hohen Norden des Nachts unterwegs ist, kommt eventuell in den Genuß der *Aurora borealis*, dem **Nordlicht**. Hinter diesem eindrucksvollen Naturschauspiel verblaßt jeder auch noch so perfekt gemachte, weil künstliche Kinofilm. Wer dieses leuchtende Ereignis über einer durch Schnee verzauberten Wildnis einmal gesehen hat, wird es nie vergessen.

Ein schöner **Sonnenauf- oder untergang** an einem unverbauten Horizont läßt einen Wandertag gut beginnen und bildet an dessen Abend den entsprechenden Abschluß. Aber auch ein **Regenschauer** muß nicht immer etwas Negatives sein. Bei schwülen Witterungsverhältnissen wird er geradezu herbeigesehnt. Landschaft und Geist kühlen sich ab und werden gleichsam erfrischt. Haben sich am Himmel keine tiefhängenden, dichten Regenwolken breitgemacht, zaubert die wiederkehrende Sonne so manches Mal einen wunderschönen großen **Regenbogen**, welcher mit etwas Glück vollständig und in seiner ganzen Pracht zu bewundern ist.

Über Tierbegegnungen haben wir bereits einiges gesagt, wobei sich diesbezüglich noch ein anderer Aspekt ergibt. Ein Höhepunkt des Wandertages kann auch der köstliche **Fisch** sein, den man in einem See oder Fluß gefangen und ausgenommen hat und schließlich auf dem offenen Feuer brät, bis einem das Wasser im Munde zusammenläuft. Gleiches gilt für gesammelte **Beeren** und **Pilze**, sofern man sich mit diesen auskennt. Zu Hause schmeckt nichts so gut wie draußen, unterwegs in der Natur. Erst recht, wenn diese Köstlichkeiten nicht einfach serviert, sondern selbst gefangen und gepflückt worden sind.

📖 ***Eßbare Wildpflanzen*** - *Basiswissen für Draußen* (Band 5) von Jim Meuninck, Conrad Stein Verlag, Kronshagen. ISBN 3-89392-105-2, DM 12,80.

♦ ***Angeln*** - *Basiswissen für Draußen* (Band 21) von Harald Barth, Conrad Stein Verlag, Kronshagen. ISBN 3-89392-121-4, DM 14,80.

Diese "Wunder der Natur", von denen sich noch unzählige auflisten ließen, machen das eigentliche Erlebnis einer Solowanderung aus. Sie sollten auch im Vordergrund stehen. Es geht nicht darum, eine bestimmte Strecke in möglichst kurzer Zeit abzulaufen. Wer so denkt, versucht sich besser beim Marathon. Es sind die für jede Region typischen **Naturschönheiten**, welche die Motivation einer Tour bilden, nicht das Vorhaben, bestimmte Gebiete wie auf einem Einkaufszettel einfach nur abzuhaken, um später sagen zu können: "Da war ich auch schon".

Begegnung mit sich selbst

Zu guter Letzt begegnet der Solowanderer jemandem, den er bislang vielleicht noch nicht oder nur unvollständig gekannt hat, **sich selbst**.

Derjenige, der sich erstmals allein auf die Socken macht, erlebt und meistert Situationen, mit denen er vorher noch nie konfrontiert worden ist (☞ Psychologie). Mit diesen umzugehen und hierbei seine eigenen Reaktionen, Gefühle und Verhaltensweisen lernend zu beobachten, ist eine überaus wertvolle Erfahrung, die das Einschätzen der eigenen Person leichter macht und zudem das **Selbstvertrauen** sowie die **Persönlichkeit** stärkt. Viele dieser Erfahrungen lassen sich später auf den Alltag übertragen. Einige tragen manchmal sogar dazu bei, eine bislang gefestigte Einstellung bestimmten Dingen gegenüber zu überdenken oder gar zu ändern. Dies kann das Verhältnis zur Natur mit all ihren Facetten oder den ansonsten als selbstverständlich angesehenen Grundlagen wie Nahrung, Wärme und Gesundheit sein.

Viele begegnen ihrer zumindest urlaubsmäßigen Bestimmung und ziehen Zelt, Wanderschuhe und Rucksack einem Hotelzimmer, Badelatschen und Kulturbeutel vor. So hat es sich jedenfalls für uns ergeben. Aber selbst für denjenigen, der für sich nach einer Solotour zu einem anderen Schluß kommt und seinen Urlaub künftig doch anders verbringen will, verbleiben immer noch genügend positive Erfahrungen, die den Entschluß zu einer Solotour belohnen und rechtfertigen.

Entscheidungen

Jeder Trekker hat während seiner Tour eine Vielzahl von Entscheidungen zu treffen, die großen Einfluß auf das Gelingen einer Solotour bzw. den eigenen Tourenverlauf haben können.

Das geht schon mit der ersten Entscheidung, die alles in die Wege leitet, los, nämlich der Entscheidung, eine Solotour zu unternehmen und dies mit dem festen Vorsatz, die Sache alleine durchzuziehen. Während der Tour haben einige wichtige Entscheidungen dann immer einen **großen Stellenwert** und oft einen ultimativen Charakter.

Bei einer Solotour ist der Wanderer immer allein und fällt letztlich die Entscheidung selbst und **eigenverantwortlich** (was für viele Wanderer gerade einer der Hauptantriebe sein wird, eine Solotour zu unternehmen). In der Gruppe ist das anders. Da spielen andere Meinungen eine genauso wichtige Rolle wie die eigene. Alle Gruppenmitglieder bringen ihre Standpunkte in die Runde ein, einigen sich oder stimmen ab. Manchmal stellt man dann im nachhinein fest, daß die eigene Lösung des Problems zu einem Fehler geführt hätte und auf einer falschen Einschätzung beruht hat. Leider hätte man genau diesen Fehler bei einer Solotour dann mit Sicherheit gemacht.

Glücklicherweise sind meistens jedoch nicht gleich schwerwiegende Folgen zu befürchten, sondern es handelt sich auf Wanderungen oft nur um **Fehleinschätzungen**, die dazu führen, daß sich die zu wandernde Strecke von beispielsweise 12 km auf 15 km erhöht oder bei einer Flußdurchquerung das Wasser anstatt bis an die Waden nun bis zum Halse reicht. Das Zelt steht nicht an der optimalen Stelle und wird jetzt vom stürmischen Wind arg gebeutelt. In der überwiegenden Zahl der Fälle wirken sich also falsche Entscheidungen nicht allzu tragisch aus. Das "Strafmaß" liegt dann nur bei zusätzlichen Unannehmlichkeiten, mehr jedoch nicht.

Mit zunehmender Erfahrung im Laufe einiger Trekkingjahre werden auch solche Dinge immer seltener, und ein im Solotrekking erfahrener Wanderer wird kaum noch durch etwas aus der Bahn geworfen.

Auf der anderen Seite sollte eine problematische Situation, die bei jeder Wanderung entstehen kann, auf keinen Fall unterschätzt werden. Denn gerade bei extremen Wandertouren z.B. im Winter oder Bergsteigertouren im schwierigeren Gelände können falsche Entscheidungen einen **Dominoeffekt** auslösen; d.h. man gerät durch eine simple Kleinigkeit, die falsch entschieden worden ist, von einer Verlegenheit in die andere, kommt schließlich in eine ernste Gefahr und spielt mit der

Eigentlich müßte es zu dieser verdammten Hütte hier geradeaus gehen!

Gesundheit und letztlich vielleicht sogar mit dem eigenen Leben, ohne sich dessen überhaupt bewußt zu sein.

Die Fähigkeit, solche Gefahren im vorhinein zu erkennen oder fast zu erahnen, zeichnet den erfahrenen Trekker aus. Denn wer sich in der Natur bzw. in der Wildnis so sicher wie in seinem Wohnzimmer bewegt, für den sind diese Entscheidungen meist nicht schwierig, die Lösungen oft zwangsläufig und selbstverständlich, der **"Trapperstatus"** ist erreicht.

Doch für den heutigen, meist **degenerierten Stadtmenschen**, der seinen Urlaub erstmals in der Natur verbringt, sind viele Entscheidungen echte Probleme, die erst einmal bewältigt sein wollen. Bei unvorhergesehenen und plötzlichen Ereignissen entscheidet der Trekker ohnehin meist aus dem Bauch heraus, also instinktiv. Wo sich jedoch die Schwelle befindet, bei der die Erfahrung aufhört und der reine Instinkt einsetzt, ist bei den meisten Menschen je nach Erfahrungsschatz und Veranlagung sehr unterschiedlich.

Unter allen Umständen sollte jeder, egal ob Hobbygoldsucher oder Profitrapper, folgendes beherzigen: Herrscht Unsicherheit, sollte man sich auf jeden Fall **Zeit nehmen** und alles in **Ruhe** abwägen und so möglichst allen lauernden Gefahren aus dem Wege gehen. Manches Problem löst sich vielleicht sogar über Nacht von selbst. Ein kleines Bächlein, das über einen langen Sonnentag hinweg durch Gletscherschmelzwasser zu einem reißenden Gebirgsbach angeschwollen ist, kann am nächsten Morgen durch Kälte schon wieder zu einem Rinnsal schrumpfen, welches keinerlei Hindernis mehr darstellt.

Des weiteren sollte jeder Solowanderer bei allen zu treffenden Entscheidungen nie vergessen, daß, wenn sich Schwierigkeiten ergeben sollten, er immer alleine ist. Es ist kein Reisepartner da, der, wenn man selbst dazu nicht mehr in der Lage ist, das Zelt aufbaut, noch einmal eine warme Mahlzeit bereitet und, wenn nötig, Hilfe holt. In solch einer Situation muß auf Hilfe gewartet werden (☞ Sicherheitsvorkehrungen), d.h. entweder auf jemanden, der zufällig des Weges kommt, oder auf einen Suchtrupp, der allerdings je nachdem, wie lange die Tour noch dauern sollte, einige Tage oder sogar länger als eine Woche auf sich warten läßt.

Aus diesem Grund sollte bei allen Fragen die **sichere Lösung** gewählt werden, selbst wenn damit ein Umweg verbunden ist. Das ist immer noch besser, als nachher ohne Ausrüstung dazustehen oder mit gebrochenem Bein im Biwaksack zu liegen. Denn das ist nicht nur sehr gefährlich, sondern auch noch teuer. Bei einer Rettungsaktion per Hubschrauber kommen schnell einige Tausender zusammen.

Abschließend kann es unter Umständen noch die schwerste zu treffende Entscheidung geben, die manchmal sehr großen Mut erfordert. Das ist der Entschluß, eine Wanderung **abzubrechen**. Jemand, der diese Entscheidung in seiner individuellen Situation für sich gefällt hat, ist keineswegs ein Waschlappen oder Feigling, sondern handelt verantwortungsvoll und besonnen. Leicht fällt einem dieses ohnehin wohl kaum. Es ist besser, einmal auszusteigen und aus seinen Fehlern und Unzulänglichkeiten zu lernen, um dann zu einem späteren Zeitpunkt einen neuen Anlauf zu starten.

Es gibt also **zwei Hauptentscheidungen**, die als die wichtigsten bezeichnet werden können. Die einleitende, eine Solotour überhaupt durchzuführen, und die zweite, die Wanderung eventuell abbrechen zu müssen, die, so hoffen wir, jedoch jedem erspart bleiben möge. Hiervon kann zu guter Letzt allerdings wesentlich mehr abhängen als nur eine Urlaubsreise; nämlich die Gesundheit und im Extremfall sogar das Leben.

Darüber hinaus ergeben sich auf einer Solowanderung eine ganze Reihe weiterer individueller Entscheidungen aus den unterschiedlichsten Situationen heraus, von denen das Gelingen und der Erlebniswert der gesamten Tour abhängen und die das Solotrekking erst richtig ausmachen.

Vor- und Nachteile einer Solotrekkingtour

Der Entschluß, eine Wanderung ganz allein zu planen und durchzuführen, kann, wie bereits an anderer Stelle erwähnt, von verschiedenen Umständen abhängig sein. Für denjenigen, der aus seiner persönlichen Situation heraus keine Möglichkeit hat, eine längere Wildniswanderung mit einem oder mehreren Reisegefährten zu erleben und dies auch nicht innerhalb einer organisierten Tour im Kreis von Leuten, die er nicht kennt, möchte, bleibt als Alternative nur die Solowanderung. Von diesem Ansatz ausgehend ist dieser Entschluß für den Alleinreisenden dann nicht unbedingt ein Vorteil, sondern vielmehr eine aus der **Not geborene Lösung**.

Doch auch für ihn, wie für alle anderen Solotrekker, liegt ein erster **Vorteil** klar auf der Hand: Das Reiseziel, die Reisezeit sowie der Umfang der Wanderung muß, bis auf die eventuell mit dem Arbeitgeber zu klärenden Aspekte, mit **niemandem abgestimmt** werden. Dies ist im Zusammenhang mit der generellen Urlaubsplanung einmalig und bietet im Grunde alle Gestaltungsmöglichkeiten, die jeder Solotrekker, frei nach seinen Wünschen und Ideen, voll ausschöpfen kann. Es besteht für ihn keine Notwendigkeit mit Reisepartnern **Kompromisse** einzugehen, welche die eigenen Vorstellungen einer Wildniswanderung vielleicht allzusehr beschneiden würden.

Diese Freiheit bringt allerdings einiges an **Arbeit** mit sich. Alles, was mit Planung und Vorbereitung der Solowanderung zusammenhängt, muß allein durchdacht und geregelt werden. Für Trekker, die sich nur ungern etwas von diesen wichtigen Erledigungen aus der Hand nehmen lassen, ist dies aber nicht unbedingt ein Nachteil. Sie verlassen sich lieber auf sich selbst und möchten von niemandem abhängig sein. Die schöne Zeit der Vorbereitung läßt sich jedoch mit keinem teilen, zudem fehlt der oder die Reisepartner als zusätzlicher Ideengeber.

Ein klarer **Nachteil** ist sicherlich die Tatsache, daß eine Solowanderung in der Regel **teurer** ist als eine Reise zu zweit oder in der Gruppe. Dies bezieht sich zunächst auf die **Ausrüstung**, welche den größten Kostenfaktor darstellt. Ein eigenes Zelt sowie Zubehör und Kocher müssen angeschafft werden, es sei denn, es besteht die Möglichkeit, sich diese Dinge zu leihen. Doch für den Solotrekker, der noch einige Touren durchführen möchte, ist dies sicherlich keine dauerhafte Lösung.

Auch die Kosten, die bei Flug, Auto-, Schiffs- oder Bahnfahrt entstehen, fallen in der Regel höher aus. Hier gibt es häufig Angebote, die der Alleinreisende nicht nutzen kann. Eine Ausnahme stellt hierbei der

Fahrradtrekker dar, der bereits von zu Hause aus mit seinem Drahtesel seine Radwanderung startet.

Vor dem Aufbruch zur großen Tour muß der Solotrekker den Umfang von Ausrüstung und Verpflegung noch exakter festlegen, als dies bei einer mehrköpfigen Wanderung nötig ist. Auf der einen Seite muß er alle wirklich dringend benötigten Bestandteile mit sich führen, wobei er diese andererseits mit niemandem teilen kann. Er muß also genau zwischen **Notwendigkeit** und dem allein von ihm zu tragenden **Rucksackgewicht** abwägen.

Einmal unterwegs, ist er für seine Ausrüstung selbst verantwortlich. Je nach Art der Anreise, zum Beispiel mit der Bahn, besteht das Problem, diese mehr oder weniger im Auge behalten zu müssen. Dies ist nicht immer ganz so einfach, es sei denn, man kann auf Mitreisende vertrauen. Der Umfang der Ausrüstung spielt bei langen Anreisen zum Zielgebiet immer eine sehr große Rolle. Für den Solotrekker kann dies maßgeblich über den Verlauf und die Dauer der vollständigen Tour entscheiden. Dies gilt vor allem dann, wenn man in Kombination mit verschiedenen Verkehrsmitteln unterwegs ist. Hierzu ein Beispiel aus der Praxis:

Bei von uns gemeinsam durchgeführten, mehrwöchigen Wintertouren in Nordschweden benutzten wir zunächst das Auto, um zum Bahnhof in Köln zu gelangen, von dort ging es per Zug nach Kopenhagen, weiter bis zur Küste und anschließend mit der Fähre von Dänemark nach Südschweden. An der Küste angelangt mit dem Zug nach Stockholm, von dort hinauf in den hohen Norden, nach Boden in Lappland, hiernach dann mit dem Bus nach Jokkmokk und von dort letztendlich mit einem weiteren Bus zu unserem Zielort Kvikkjokk. Eine Tour, von Köln aus beginnend, mit einer Gesamtanreisedauer von 48 Stunden.

In dieser Zeit sind wir siebenmal umgestiegen und hatten uns in Stockholm um die Tickets nach Lappland zu kümmern. Dort angelangt, mußten noch zweimal die Busfahrscheine bis zum Zielort gelöst werden. Unsere gesamte Ausrüstung hatte ein Gewicht von ca. 75 kg pro Person. Das heißt, der große Rucksack (75 l) befand sich dort, wo er auch hingehört, auf dem Rücken, während ein Tagesrucksack für die während der Anreise benötigten Dinge vor die Brust geschnallt war. In der linken Hand trugen wir die mit den leichteren Ausrüstungsgegenständen sowie den Schneeschuhen bepackte Pulka (Gepäckschlitten) und rechts wurden schließlich die Tourenski mit Skistöcken umklammert.

Ergänzend sei noch erwähnt, daß wir nicht unbedingt von der Statur eines kanadischen Holzfällers sind, sondern mit 67 bzw. 72 kg bei einer Größe von 1,78 m eher dem Normalmaß entsprechen. Das Umsteigen wurde hier immer zu einem Kraftakt und stets hielten wir den ganzen

Verkehr auf, bis wir unsere Siebensachen im Zug oder Bus verstaut hatten. Ganz nebenbei füllten wir mit unserem Gepäck nahezu ein komplettes Abteil.

Zu zweit ist das alles halb so wild, doch wir möchten mit unserem ausführlichen Beispiel im Zusammenhang mit der Ausrüstung die Unterschiede für den Solotrekker deutlich machen und nochmals darauf verweisen, welchen hohen Stellenwert eine genaue Planung gerade für ihn hat.

Wenn die Anreise für den Solotrekker im Rahmen einer längeren Tour aufwendig und unter Umständen auch beschwerlich sein mag, so hat dies aber zumindest den Vorteil, daß man schon vor der eigentlichen Wanderung auf sich allein gestellt ist und sich an den Zustand des Alleinseins bereits **gewöhnen** kann. Bei Flugreisen verändern sich die Landschaft und die Bevölkerungsdichte innerhalb weniger Stunden. Es bleibt wenig Zeit der Eingewöhnung.

Bei Anreisen mit der Bahn in Richtung Wildnisgebiet ist diese Veränderung von längerer Dauer. Diese Phase der Anpassung an das Alleinsein ist bei dieser Art der Anreise für den Solotrekker vorteilhaft und sehr wichtig.

Vor dem Beginn der Wanderung sind die letzten Vorbereitungen ebenfalls allein zu treffen. Hierzu gehört das erstmalige Errichten des Nachtlagers und eventuell das Umpacken des Rucksacks. Dieses Beschäftigen mit Dingen, die während der Wanderung ständig zu erledigen sind, ist die beste Einstimmung für die bevorstehenden Aktivitäten. Unterwegs gehen sie dann im Laufe der Zeit in Fleisch und Blut über.

Der Solowanderer lernt unterwegs den Umgang mit allen auf einer Wildniswanderung anfallenden Notwendigkeiten intensiver, als er das im Rahmen einer Gruppe könnte. Eine relativ leichte Solotour ist somit auch eine gute Vorbereitung auf eine spätere, anspruchsvollere Gruppentour und eine ausgezeichnete Grundlage für alle künftigen Wildniswanderungen. Die auf einer Solotour wachsende Selbständigkeit sowie Erfahrung des Outdoorlebens sind wohl der am höchsten zu bewertende Vorteil. Dieser ergibt sich aus zuvor für den Solotrekker eher nachteiligen, da schwieriger zu bewältigenden Problemen, die bei jeder Wildnistour auftreten können. Dies sind das Verhalten bei ernsthaften Notfällen, die er auf sich allein gestellt überstehen muß, sehr schlechten Wetterbedingungen, anspruchsvollen Streckenabschnitten, natürlichen Hindernissen, aber auch physische und psychische Probleme, die er erfolgreich gemeistert hat.

Bei wohl keiner Urlaubsform ist die Chance so groß, seine eigenen Grenzen und Möglichkeiten kennenzulernen, wie beim Solotrekking. Es ist eine einmalige Gelegenheit, die jeder ambitionierte Trekker für sich nutzen sollte.

Zu guter Letzt

Zum Abschluß dieses Buches wollen wir ein Fazit ziehen. Wir hoffen, daß wir all denen, die vor dem Lesen des Buches noch unentschlossen waren, ob sie sich auf ein Soloabenteuer einlassen können, Mut gemacht haben und die vorhandene Hemmschwelle abgebaut worden ist. Natürlich ist auch all jenen, die schon fest entschlossen sind, aber noch nicht so recht wissen, wie sie die ganze Sache angehen sollen, unser Buch gewidmet und eine hoffentlich wertvolle Anleitungshilfe.

Aus welchen Gründen heraus auch immer die Motivation rühren mag, es lohnt sich auf jeden Fall, mit einer sorgfältigen Planung eine Solotrekkingtour anzugehen. Nach einem vernünftigen Training, einer vorher getesteten (und für gut befundenen) Ausrüstung, den notwendigen Absicherungen gepaart mit dem Wissen, was bei Notfällen zu tun ist, einer gesunden Portion Menschenverstand und etwas Trekkingerfahrung sollte keiner vor unlösbare Probleme gestellt sein. Der Solotrip wird somit zum positiven Abenteuer und mit Sicherheit ein Leben lang unvergeßlich bleiben.

Einige werden sicherlich auf den Geschmack kommen, die sich ergebenden Vorteile eines Soloabenteuers in vollen Zügen genießen sowie noch weitere Individualabenteuer angehen. Andere wiederum werden es als eine wertvolle Erfahrung einstufen, aber in Zukunft lieber doch wieder einen Reisebegleiter suchen.

Wie dem auch sei, wir glauben, daß eine Solotrekkingtour in jedem Fall ein Abenteuer der ganz besonderen Art darstellt, bei dem auf jeden Erlebnisse und Erfahrungen zukommen, die er/sie in dieser Intensität höchstwahrscheinlich nicht kennen wird.

Man wird die Pflanzen und Tiere in der Natur, vor allem aber sich selbst ein gutes Stück besser kennenlernen und dies wird vielleicht auch dazu beitragen, die Umwelt in einem etwas vernünftigeren Licht zu sehen, und der eigene Stellenwert in der Natur wird mit Sicherheit auf ein vernünftiges Maß zurechtgerückt.

Abschließend wünschen wir all jenen, die nun fest entschlossen sind, eine Solotrekkingtour zu versuchen, alles Gute, Hals und Beinbruch (bloß nicht) und viel Spaß!

1980 — 15 Jahre Conrad Stein Verlag — 1995

Index

Conrad Stein ⊕ Verlag

Eichkoppelweg 51, D-24119 Kronshagen ☎ 0431/5458888, FAX 5458800
e-mail: SteinVerlag@t-online.de   http://home.t-online.de/home/SteinVerlag

Alaska / Richter	DM 29,80	Malawi / Hülsböhmer	DM 24,80
Argentinien-Handbuch / Jungh.	DM 34,80	Mauritius / Ellis	DM 26,80
Auf nach Down Under / Sackstedt	DM 14,80	Mexiko, Belize & Guatemala / F.& M.	DM 36,80
Australien-Handbuch / Stein	DM 36,80	Namibia & Botswana / Lamping	DM 29,80
Bangladesch / Steinke	DM 29,80	Neuseeland-Handbuch / Stein	DM 36,80
Bulgarien / Müller	DM 24,80	Nicaragua / Schmidt (IV/97)	DM 24,80
Chile-Handbuch / Junghans	DM 26,80	Ontario mit Montréal und Québ. / St.	DM 29,80
Dänemarks Norden / Treß & Walter	DM 29,80	Osterinsel / Hellmich	DM 22,00
Dänische Westküste / Treß	DM 24,80	Phuket & Ko Samui / Bolik	DM 29,80
El Salvador & Honduras / Steinke	DM 29,80	Polen / K. & A. Micklitza	DM 26,80
Eritrea / Christmann	DM 24,80	Reisen mit dem Hund / Treß	DM 22,00
Florida / Stein	DM 24,80	Rocky Mountains Nationalp. / Patton	DM 39,80
Fuerteventura / Reifenberger	DM 26,80	Rumänien / Müller	DM 26,80
Gomera / Reifenberger - Cabildo Ins.	DM 29,80	Schottland / Ferner	DM 29,80
Gotland / Bohn	DM 24,80	Schweiz / Kürschner	DM 36,80
Die Kirchen Gotlands	DM 24,80	Senegal / Mang)	DM 14,80
Gran Canaria / Reifenberger	DM 29,80	Sibirien / Zöllner	DM 36,80
Grönland / Köppchen & Hartwig	DM 29,80	Siowakei / K. & A. Micklitza	DM 26,80
Holland / Wetters	DM 29,80	Spitzbergen-Handbuch / Umbreit	DM 39,80
Iran / Berger	DM 36,80	Sri Lanka / Müller-Wöbcke	DM 26,80
Irland / Elvert	DM 26,80	Sudan / Benjak & Enders	DM 16,80
Island-Handbuch / Richter	DM 34,80	Südafrika / G. Lamping (II/97)	DM 29,80
Islands Geologie / Hug-Fleck	DM 14,80	Südschweden mit Öland / Boll	DM 29,80
Israel / Kautz & Winter	DM 26,80	Syrien / Schönmann	DM 36,80
Jemen / Kabasci (III/97)	DM 26,80	Tansania & Sansibar / Dippelreither	DM 36,80
Jordanien / Kleuser & Röhl	DM 24,80	Tausend Tips für Trotter...	DM 22,00
Kaliningrader Gebiet / Jung. & Mül.	DM 26,80	Teneriffa / Reifenberger	DM 29,80
Kanada - Alaska Highways / Richter	DM 29,80	Thailand / Bolik & Jantawat-Bolik	DM 29,80
Kanadas Westen / Stein	DM 36,80	Touren in Schlesien / Micklitza	DM 24,80
Kanalinseln / Ferner	DM 29,80	Tschechien / K. & A. Micklitza	DM 29,80
Kanarische Inseln / Fründt & Muxf.	DM 26,80	Uganda / Lübbert	DM 29,80
Komoren / Westenberger	DM 24,80	USA - Nordwesten / Richter	DM 29,80
Kurs Nord / Umbreit & Spaeth (II/97)	DM 49,80	USA - Südwesten / Richter	DM 39,80
Lanzarote / Reifenberger	DM 26,80	Venezuela a. e. Faust / Travelot	DM 26,80
Libanon / Röhl & Rosebrock	DM 24,80	Vereinigte Arabische Emirate / Röhl	DM 22,00
Libyen / Steinke	DM 34,80	Zentralasien / Schönmann (II/98)	DM 36,80
Lofoten und Vesterålen / Knoche	DM 24,80	Zimbabwe / Zuchan	DM 26,80
Madeira & Azoren / Jes. & v. Brem.	DM 34,80	Zw. Sydney und Melbourne	DM 26,80

REISE ☞ HANDBÜCHER